平凡社新書

995

津田梅子

明治の高学歴女子の生き方

橘木俊詔
TACHIBANAKI TOSHIAKI

HEIBONSHA

津田梅子●目次

はしがき

1872（明治5）年の1月に幼い少女五名が、岩倉使節団の一員としてアメリカのワシントンDCに到着した。その中には、7歳前後にしか達していなかった津田梅子（当時は幼名のむめ）がいた。

なぜ、このような幼い女の子が、明治時代の初期にアメリカまで派遣されたのか。その経緯については本書で詳しく述べるが、とにもかくにも梅子は一人で文化・風習の異なる国での生活を始めなければならなかった。

期待を背負った梅子は、アメリカ人の家庭に寄寓して初等教育を受け、英語を身につける。帰国後は英語の先生などをしていたが、自分のキャリアを定めるにはアメリカの大学で勉強しなければと思い、再び渡米してブリンマー大学（女子大学）

に入学し、留学生活を始めた。実は、津田と同じく岩倉使節団の一員として渡米した山川捨松と永井繁子はすでにアメリカの大学で学んでいたので、彼女としては自分も同じように学びたいとの希望が強かったのである。

本書の中心はあくまでも津田梅子であるが、捨松と繁子との比較は明治時代の高学歴女子の生き方の代表的な三つの姿、すなわち（1）結婚せずに独身で職業を全うする、（2）専業主婦となって良妻賢母を貫く、（3）職業人と妻・母として生きる、を見事に象徴している。三名は恵まれた境遇にいたとはいえ、それなりの苦労を経験したのであり、その経験の差が三人の生き方に差を生じさせた一因でもあった。その違いをよく知るために、1章分を割いて、捨松と繁子の人生についてもかなり詳細に記述した。

実は現代の女性にとっても、特に高学歴女子にとっては、独身でキャリアを全うするか、専業主婦となって夫と子どもを支えるか、共働きをして職業人と家庭人を両立させるかの三つの大きな選択肢があり、その選択に多くの女性が悩んでいる。

明治時代と現代では、男女の平等感、勤労観、社会と家族のあり方に関して大きな差があるが、明治時代の三人の女性の経験を知ることによって、現代でも学ぶところがあるとわかっていただければ、本書を読む意義があると言えよう。

本書の中心人物、津田梅子に戻ると、アメリカの大学で学んだことを活かすために、帰国後は職業人を目指すが、男性社会の壁はとても厚く、種々の困難に遭遇した。そこで普通の女性のごとく結婚という道も頭をよぎったが、女子教育の充実こそが梅子の宿願だったので、一人で女子英学塾（今の津田塾大学）の開校を決意する。もとより女子高等教育機関をつくる仕事は、国の支援のある官立校ではなく私立校なので、当時としては苦難が多く、梅子も様々な壁にぶちあたる。しかし、アメリカ留学時代に構築した人間関係の恩恵を得て、物心ともに支援を受けて女子英学塾を創設し発展に寄与したのである。

津田梅子が女子の高等教育機関をつくるに際しては、本人のブリンマー大学での学びの経験が大きく役立ったことは言うまでもない。そこで、彼女がアメリカでどのような学生生活を送っていたかに注目する。当時のアメリカの大学では、男女共学の学校は少なく、名門ブリンマー大学も女子大学だったので、帰国後の梅子が女子学校の創設に走った。特に当時の日本は旧《ふる》い社会だったので、それを打破すべく、女子教育の発展に強い熱意でもって尽力したのは自然であった。

今の津田塾大学は、女子大学の名門校として燦然と輝いている。津田梅子を筆頭にして、教員、学生がいかにこの学校の発展に尽くしてきたか、その足跡に迫った。興味深いのは、女子大学の一つの売りは家政学部を持っていたことにあるが、津田塾大学はそれを持たず、教養、純粋学問に特化してきたことに特色がある。

とはいえ現在は、津田塾大学のみならず、女子大学の意義も問われている時代となっている。

第1は、女子高校生の共学大学志向の高まりにどう対処するのか。今や本家アメリカでも女子大学の数は減少しているし、ヨーロッパには女子大学の存在は珍しい。

第2は、津田、大山、永井の三名に代表されたように、女子高等教育を受ける人の進路に関することである。職業人を目指す女子学生の増加の時代にふさわしいように、女子大学を含めた日本の大学教育のあり方を検討してみた。

津田梅子の人生はどうであったのかを知ることは、新五千円札の肖像画になるほどの傑出した人物なので、とても価値のあることだし、今後の女子高等教育を考えるに際しても、特に参考になるのでは、という希望の下で本書の執筆に励んだ。

第1章　戦前の女子教育と岩倉使節団

一、日本の女子教育の歴史

江戸時代の女子教育

明治維新後に、男子と女子の教育は学校という制度の下で行われたが、それ以前についてはどうであったろうか。それは主として男子になされた。江戸幕府の基本的な統治思想は、上の武士階級から下の庶民階級までを通じて儒教の教えにあったので、女性は男性に従うものとして理解されていた。娘は父親に従い、妻となっては夫に従い、老いては子（息子）に従うのが人生の道と考えられていた。男性は仕事という「外」を、女性は家庭という「内」を治めることができるようにする教育で十分であり、女性教育は家庭内でなされたのである。

「内」を治めるためには、女性が縫物、織物、洗濯、炊事に強くあらねばならない。重要な役割は出産と子育てであった。しかし、できれば文字の読み書き、計算などに習熟していることが望ましく、家庭でそれらを教えることが多かったが、江戸中期の頃から階層が上の家庭の女の子は寺子屋や裁縫教室などに通うようになった。さらに武士階級にあっては、当時の幕藩体制の基本的な思想であった儒教的な修身教育もなされて、女子の身の処し方についても教え込まれた。

このような儒教的な思想に立脚した女子教育観は、古典的に有名な貝原益軒の『和俗童子訓』（１７１０年版）の中の「教女子法」において明快に述べられている。男性に服従する女性の姿が示され、家庭と子どもを守る女性が理想とされた。

江戸時代にあっては、小山（1991）が紹介するように、江戸中期の頃から編集・出版された『女子学宝箱』が読本として寺子屋などで用いられ、女性のあり方などが教えられたのである。この本は妻としていかに夫に仕えるべきかだけが多く書かれており、親がどのような子育てをすればよいかはさほど明記されていない。なぜ、子どもの教育のことがさほど触れられていないかといえば、女性への差別意識が強かったからである。そもそも女性は最低限の読み書き、算数しか学んでいないのであるから、母になって息子を育てるとしても高い水準の教育を与えるだけの素養を蓄えていないので、子どもの教育をする資格がないと判断されていたのである。

息子（特に武士階級）は藩校などで、寺子屋よりも高い学問、武術などを学んだ。現に、藩校は女子の入学を認めていなかった。とはいえ、学問的に母親は息子に教えることが不可能でも、しつけ、行儀・作法といったことは教えることができたので、母親が子どもの教育に関して無縁であったとは言えない。むしろ儒教的な精神教育は母親にもできたので、これまで述べてきた妻としての役割に加え、母親としても期待されていたと言った方がよい。これが「男性に服従し、家庭を守る」良妻賢母型の女性像が理想とされる思想の出発点であり、この思想は現代まで続いた。もとより、戦後から現代に至るまでの期間中に、この良妻賢母型の理想像は大なり小なり攻撃を受けたことも無視できない。

明治時代の初等教育

明治維新は旧《ふる》い体制からの脱却であった。新政府は種々の制度改革を大胆に行い、文明開化を含む近代国家への道を歩んだ。その一つの分野が教育制度の改革である。1872（明治5）年に学校制度を実施することを宣言し、寺子屋方式を発展させて小学校教育を（できれば）全員の国民に受けさせようとした。国を豊かにするためには、有為な国民を育てることが肝心であり、その第一歩のためにも教育が必要であると考えた。ドーア（1970）の指摘するように、日本は江戸時代にあっても寺子屋教育などの普及によって、国民の識字率はヨーロッパ諸国よりも高かったことで基礎条件が備わっていた。それをもっと高めることと学力一般を高めるために、学校教育の普及が重要と判断されたのである。

江戸時代と異なる点は、男子のみならず女子に関しても少なくとも初等教育の必要性を尊重したことにあり、女子も男子と等しく教育を受けねばならないと新政府は考えた。特に女性に関して言えば、男女平等の思想、女性の職業教育の必要性、母親が子どもの教育にとって重要であるという思想などが現代と比較すればまだ不十分であったが、重視されるようになったことは大きい。女子教育の思想については別のところで論じることとして、ここで母親のことに関して述べておこう。

江戸時代においては、母親が子どもの教育に果たす役割はしつけなどを除いて無視されていたが、明治時代に入ると家庭において子どもを育てるのに、賢明な母親がいれば子どもの教育はうまくいく、という認識が高まってきた。賢明な母親、あるいは賢い女性を育成することが、次世代の子育てや教育に役立つと思われるようになったので、女子の教育も重要であると考えられるようになったのである。

小学校教育を義務教育にするには、もう少し待たねばならなかったが、明治新政府が小学校教育の普及に努めたことは事実であった。そのためには先生の確保という目的で、将来の先生になる師範学校という学制を導入しようとした。また学ぶことのできる学童の数を増加させるために、小学校の増設を図った。しかし、新政府の意図にもかかわらず、小学校で学ぶ学童の数は明治時代の初期ではかなり低く、増加率も高くなかった。特に女子の間で、小学校で学ぶ生徒の数は非常に低かったのである。これらの事実については**表1-1**の統計で示されている。

では、なぜ小学校教育、特に女子の教育が期待通りの普及をみせなかったのかに関心が移る。いろいろな理由が考えられる。

第１に、幕末から明治初期の時代では、日本はまだ未発展だったので日本人の貧困は深刻で、子どもが労働力として期待されていた。特に農業、家業における商工業の分野において、子どもが働き手になることが多く、学校に通う時間がなかった。

表1−1　明治初期の男女別・小学校就学率　（%）

年度	男	女	平均
明治6	39.9	15.1	28.1
7	46.2	17.2	32.3
8	50.5	18.6	35.2
9	54.2	21.0	38.3
10	56.0	22.5	39.9
11	57.6	23.5	41.3
12	58.2	22.6	41.2
13	58.7	21.6	41.1
14	60.0	24.7	43.0
15	64.7	31.0	48.5

出所：文部省編『学制八十年史』

第２に、明治時代の初期は、小学校という初等教育であっても学費を払う必要があったので、貧困家庭にあっては子どもを学校に通わせる経済的な余裕はなかった。

第３に、江戸時代では女子への教育の必要性が考えられていなかったが、その伝統が明治時代に入っても簡単に消滅することはなかった。女子の教育は家庭でなされるべきという思想がまだ有力だったし、その教育も家事、特に裁縫や料理などで十分と考えられていた。すなわち、国語、文字、算術、歴史、地理などを女子は勉強する必要がない、という思想を信じる親も相当数おり、社会の風潮にもそれが残っていたので、女子が小学校に通学する数は少なく、増加率も低かった。

第4に、明治初期においては「男女7歳にして席を同じゅうせず」の封建的かつ儒教的な思想が有力だったので、女の子を男の子と一緒に勉強させることに、親の間でためらいがあった。なぜなら当時の小学校低学年では男女共学が多かったからである。

明治も中期（20年代）になると、就学率は50パーセントを超え、明治30年代の初期に小学校が無償で義務教育化された。末期（40年代）になると95パーセントを超えて、ほぼ全児童が就学するようになった。わずかではあるが家庭が経済的に豊かになり、子どもの労働に期待しなくてもよくなったし、かつ子どもに初等教育が必要であるとの認識がますます高まったことによる。

女子の中等教育

小学校の上にある女学校として、最初に東京女学校と称した学校は1872（明治5）年につくられ、女子のための高等教育は明治初期に導入された。

ここでの高等教育とは、後の時代における大学や専門学校（あるいは旧制高等学校）の水準ではなく、小学校を卒業してから入学する学校の水準を意味しており、中等教育と理解してほしい。この頃に京都や他の府県でも似たような女学校がいくつか設立された。しかし**表1－2**で示されるように、明治20年代になっても女子の中等教育に関して学校数は少なく、学ぶ生徒も非常に少なかった。

表1－2　高等女学校の学校数・生徒数

年度	学校数	生徒数（人）
明治19	7	898
20	18	2,363
21	19	2,599
22	25	3,274
23	31	3,120
24	29	2,768
25	27	2,803
26	28	3,020
27	14	2,314
28	15	2,897
29	19	4,152
30	26	6,799

出所：文部省編『学制八十年史』

1899（明治32）年に高等女学校令が制定され、男子の中等学校に対応する学校制度が公式に認定された。中学校令は、初代の文部大臣であった森有礼《ありのり》によって1886（明治19）年に制定された男子の中等教育用のものであり、女子の中等教育は男子より約13年遅れて公式な学制となったのである。森有礼は、とても重要な人物なので後に詳しく記述する。

その後、高等女学校への進学率は着実に上昇し、1905（明治38）年の2パーセントあたりから1945（昭和20）年の25パーセントまで増加している。ほぼ40年の間に20パーセント・ポイント以上も増加したのであるから、女子の中等教育は着実に充実したのである。とはいえ女子の4分の1にすぎない少数派であった。

女子に中等教育は不必要という通念が残存していた戦前の時代に、高等女学校への進学率が高まった理由をいくつか述べておこう。

第1に、子育てや子どもの教育に寄与する母は賢明で教養のある方がよい、という考えがそのまま中等教育にも当てはまる。例えば、小学生の子どもが文字、算数、歴史、地理、理科などを学んでいるときに、母におけるそれらの知識が小学校レベルしかなければ子どもに教えられないので、中等教育レベルの学識を持っていた方がよい、ということなのである。あるいは親の権威を保つには、高い学識を持っていた方が、子どもが親を尊敬するであろうから、家庭教育がスムーズにいく、とみなしてもよい。

第2に、女子は将来の家庭の主婦になるのであるから、家庭をうまく切り盛りするには裁縫や料理などの家政学もしっかり学ばねばならないと考えられ、それらは小学校ではなく中等教育で教えられるべきと判断された。小学校では読み書き、算数など人間生活における最低水準の学力を与えることに追われていたので、家政というやや余裕を必要とする教育は中等教育の水準でなされるのがよい、と判断されたのである。**表1－3**は、中等教育である中学校と高等女学校において、どのような教科がどれだけの時間数教えられていたかを示すものである。

男子は学ばず女子にだけ教えられる科目として、裁縫が週に4時間、家事が第3、4学年で2時間も配置されている。もう一つ見逃せないのは、女子に音楽が2時間配置されているが、男子はゼロであることで、女子にのみ情操教育が施されていたのである。

表1－3の示すところによると、女学校では国語がかなりの時間を充当されているのに対して、男子の中学校では国語及び漢文、英語や数学が重要な科目となって

表1－3　高等女学校と男子中学校における週あたり授業時間数の比較

	明治34年高等女学校令施行規則				明治34年中学校令施行規則				
	1年	2年	3年	4年	1年	2年	3年	4年	5年
修身	2	2	2	2	1	1	1	1	1
国語	6	6	5	5					
国語及漢文					7	7	7	6	6
外国語	(3)	(3)	(3)	(3)	7	7	7	7	6
歴史・地理	3	3	2	3	3	3	3	3	3
数学	2	2	2	2	3	3	5	5	4
理科	2	2	2	1					
博物					2	2	2		
物理及化学								4	4
法制及経済									(3)
図画	1	1	1	1	1	1	1	1	
家事			2	2					
裁縫	4	4	4	4					
音楽	2	2	2	2					
唱歌					(1)	(1)	(1)		
体操	3	3	3	3	3	3	3	3	3
計	28	28	28	28	28	28	30	30	30

注：(　) は随意科目。
資料：『明治以降教育制度発達史』第４巻。181–182, 288–289ページより作成。
出所：小山（1991）

いる。男子に関しては中学校を卒業後に旧制高校や専門学校に進学する学生が相当数いるので、上級学校への進学準備という側面もあった。

やや余談であるが、稲垣（2007）は興味あることを述べている。それは当時の女学生にとって、もっとも好きな科目は「国語」であり、逆に「裁縫」が嫌いな科目であったことである。女学生時代の教育において「国語」を好きな科目として挙げた人は52パーセントに達しているし、「国語」嫌いはわずか３パーセントしかいないことから、「国語」を学ぶことで勉強の楽しさを感じていたようだ。文学作品に接することができるし、母国語なので比較的容易に勉強できることが人気の秘密であった。逆に、英語や数学を苦手とする女学生が多かった。現代においては英語の好きな女学生の多い事実と対比されるが、当時の英語はまだなじみがなかったことによる。理科と数学の嫌いなことは今でも多少当てはまる。

筆者にとって意外なのは「裁縫」が不人気であったことである。この科目を好いた人は14パーセントにすぎないし、逆に嫌いだった人は25パーセントを超えている。稲垣（2007）によると、「裁縫」が嫌いな具体的な理由として、退屈とか面倒くさいというのに加えて、これを教える先生が好きになれない、というのも無視できないとされている。「裁縫」を教える先生のほとんどが女性教師であっただろうから、同性の先生に習うことを嫌ったのかもしれないが、よくはわからない。

以上の点をまとめると、高等女学校という中等教育の目的は「良妻賢母」の育成にあったと結論づけられる。すなわち、外で働く男性と内の家庭を治める女性という性別役割分担の意識を、学校教育の段階から推し進めようとする方針が如実に実行されていた。良き妻と賢い母という思想を主導したのは男性、特に指導者層の男性であり、男性の抱く女性の理想像を女学校のときから教え込もうとしたと考えてよい。これに対して女性がどう思っていたかは、筆者自身は女学生の裁縫嫌いが目立つという事実から、性別役割分担を当時の女性は消極的に受け入れていたにすぎないと解釈したい。高等女学校に進学する女性は、当時としてはエリートであるし潜在能力としても高かったので、できれば自己の受けた教育を活かして、職業生活に役立てたいと思った女性もいただろう。

とはいえ、しかし社会の規範が良妻賢母ないし性別役割分担にあったので、それらの思想を積極的に支持する人もいたが、大半の女性は消極的にせよ受け入れざるを得なかったのである。

初めての高等教育

良妻賢母像が明治時代を通じての社会的な規範であることは確実であったが、職業人として働くことの期待も、明治・大正の時代に徐々に台頭してきた。特に富国強兵と殖産興業という目的に沿った経済発展のためには、労働力がどうしても必要となったのである。もとより江戸時代にあっては、農業や商業に従事する女性は多くいたし、明治時代に入ると紡積・製糸のような工場やその他の職場で働く女性の登場があった。明治の中期になると電話交換手や、教師、看護婦という職業が女性の従事するところとなった。ここで本書との関係でもっとも重要な職業は教師であり、女子の高等教育を語るときは教師の養成と密接に関係している。

女子の小学校教員の養成を目的とする「東京女子師範学校」が１８７４（明治７）年に創設されたし、この学校は既に紹介した女子のための中等教育機関である「東京女学校」とともに、当時にあっては女子のための最高教育機関であった。

この東京女学校は必ずしも教員養成を目的とせず、英語を中心にした一般教養を女子に教える学校であったが、五年間で廃校となり女子師範学校に吸収されたのである。その後、千葉、山梨、岐阜など九府県に12校の師範学校がつくられた。当時の師範学校は卒業後に教員になる義務はなかったが、初代文部大臣の森有礼以降に、師範学校の学費を無料化したので、教員になることを義務とした。

師範学校の卒業生は教師になるのが大半であるから、小学校の教員として働く女性を多くすることによって、女児の小学校への就学率を高める目的があった。

表1－1で示したように、小学校の就学率は女子が男子よりもかなり低かったので、封建思想がまだ色濃く残る時代では女子を教えるのは女性がふさわしいと信じて、女性教員の数を増加することが女子の就学率の上昇に役立つと考えたのである。

ここで重要なメッセージがある。それは女性の職業として教員というのは、当時においてはもっともふさわしい仕事と判断されていた、ということである。すなわち、知性と意欲のある女性にとって、教員はやりがいのある、かつ周囲からも期待される職業となりつつあった。やや逆説的に誇張すれば、教員になることしか、能力と意欲のある女性には開かれていなかったのである。後に登場する津田梅子と永井繁子は教師になる。

このことが女子師範科（女学校の教員になる人の養成を行う）を、1886（明治

19）年に森有礼・文部大臣による「師範学校令」によって、新しく高等師範学校の創設時に設けることにつながった。男子師範科はそのまま残ったのである。

この高等師範学校の女子師範科が、日本の女子における高等教育機関の最初である。なお１８９８（明治31）年、女子師範科にも理科・文科の分科制が導入され、翌年には技芸科が新しく入って三分科制となった。技芸科は、女学校での家事科（裁縫、手芸、料理）を教える教員の養成を目的とした。

二、アメリカでの女子高等教育

女子教育の発展

なぜ、ここでアメリカの女子高等教育を考察するかといえば、本書の登場人物の主役である津田梅子を筆頭にした三人の女性が、明治時代にアメリカの女子大学に留学したからである。

近代より前の時代では、アメリカは植民地時代に相当するのであるが、女子の教育はほとんどなされていなかった。家庭で母親ないし家庭教師から簡単な読み書き、礼儀作法、宗教などが教えられていた。あるいは小規模の私塾でそれらの教育がなされていた。村田（2001）によると宗教教育がアメリカ植民地時代の特色であり、例えば、清教徒のような敬虔なキリスト教信者が、家庭において宗教のことを教えていたのである。あるいは私塾でも聖書をテキストにして文字や宗教を教えていた。

しかし大柴（1982）の強調するように、「女に教育を受けさせるのは無駄で、家事こそが女の本領」の意識がアメリカ人の間で支配的だったのであり、日本の江戸時代と似ていたのである。男子が稼ぐのが普通なので、職業に役立つ教育は男子のみに授けられていた。しかし経済発展が進むと、民主化の動きから女子にも教育をという発想が芽生え、女子のために小学校や女学校も設立され、文字の読み書きに加えて、音楽、舞踏、編物、裁縫などが教えられるようになった。

18世紀になると、女子アカデミー、あるいは女子セミナリーといった中等教育学

表1－4　マサチューセッツ州における女性教師の増加状況

年度	男性教師数	女性教師数	女性教師の割合
1837－38	2,370	3,591	60.24%
1838－39	2,411	3,825	61.33%
1389－40	2,378	3,928	62.29%
1840－41	2,491	4,112	62.27%
1841－42	2,500	4,282	63.14%
1842－43	2,414	4,301	64.05%
1843－44	2,529	4,581	64.43%
1844－45	2,595	4,700	64.43%
1845－46	2,585	4,997	65.91%
1846－47	2,437	5,238	68.25%
1850－51	2,432	6,262	72.03%
1855－56	2,069	7,602	78.61%
1860－61	1,927	8,638	81.76%

出所：村田（2001）

校も創設されるようになり、国語、数学、習字、歴史、地理といった科目が教えられるようになった。これらの学校を卒業してから、かなりの女生徒が教師になる習慣が生まれた。すなわち、小学校での女性教師を養成することが女子セミナリーの大きな目的となったのである。19世紀におけるマサチューセッツ州の教員数を男女比で示したのが**表1－4**であるが、女性教師数の増加が顕著であることがわかる。

女性教師の養成が、アメリカでの女子教育の最初の職業教育であるという特色は、前の節でみてきたように、日本での女子教育にもあてはまる特色と同じである。洋の東西を問わず、女性の教師を養成することが、女子中等教育（あるいは後の高等教育）の大きな目的なのであり、女子にとってもっともふさわしい専門職としての職業は教師だったのである。

なぜ教師が、西洋でも東洋でも女性の専門職として重宝されるようになったか、いくつかの理由が考えられる。

第1に、当時の職業として知的能力を必要とするものはその数が少なく、むしろ肉体的能力の高さを要求する仕事が多かった。身体的能力において男性よりやや弱い女性にとって、教師の仕事はうってつけであった。これと同時に、知的能力をある程度必要とする仕事（例えば公務員、司法、医者、技術者など）は男性が占有していたので、女性がこれらの職に就くのはまだ期待されていなかった。

第2に、女性は出産と子育てにあたるという経験から、幼児の扱いに慣れているので、小学校で生徒に教えるということも問題なく行うことができると判断された。

地域性が色濃く出た女子高等教育

アメリカの女子高等教育は、経済発展が進行した南北戦争後に進展がみられた。これまでは主として男子に職業教育を施していたが、経済活動の活性化のためには女子にも職業教育を、という機運の高まったことが大きい。さらに重要なことは、民主化の動きや奴隷解放運動、それと、それほど強くはなかったが多少の女性の地位向上運動などが重なって、男性だけが高等教育を受けるのではなく、女性も男性と同等に高等教育を受ける権利があるとの思想が高まった。これらのことが、女子の高等教育を後押ししたのである。

女子への高等教育は、二つの道によってなされた。それは共学大学による道と、女子大学による道である。すなわち、男女共学の大学と女子大学の二種類があり、女子学生がどちらかの大学を選択できたのであった。

この二つの異なる大学も、東部、中西部、西部、南部といった地域による特色が大きく影響を及ぼした。例えば、東部、特に北東部のニューイングランド地域には、男子の名門私立大学（ハーバード、エールなどのアイビーリーグ）が多かったので、それに対応する女子の名門私立大学が創設された。男子の名門大学が女子を入学させなかったので、女子大学を別個につくる必要があった。南部は農業の地域でありやや遅れた伝統社会でもあるので、男女は別という意識が強く、女子大学が多く設立されている。この男女別学は州立と私立の双方の大学で設置されていた。一方、西部と中西部では、もともと開拓民の間では女性を尊重する雰囲気があったので、大学は男女共学制をとる場合が多かった。

ここでそれら各地域の大学のうち、代表的な大学を紹介しておこう。まずは中西部オハイオ州のオベリン大学である。１８３３年に長老派教会によって設立されたリベラル・アーツの私立大学であり、女子学生と有色人種の学生を入学させた大学として名を残している。一方の女子大学はどうであったろうか。北東部でいくつかの名門私立大学が登場することとなる。男子のアイビーリーグを意識したものである、セブン・シスターズと呼ばれる名門女子大学が誕生する。

１８３７年にマサチューセッツ州においてマウント・ホリヨーク女子セミナリー

が創設されたが、このセミナリーはメアリー・リヨンという女性がつくった学校である。メアリー・リヨンの生涯については村田（2001）に詳しい。全寮制を原則とし、かつ学費も安かったので全米中から優秀な女学生が集まった。1893年にはセミナリーが大学に昇格し、マウント・ホリヨーク（女子）大学と改名し、名門校として君臨することになる。

他には、醸造業で財産家となったマシュー・ヴァッサーが1865年にヴァッサー（女子）大学をつくり、ソフィー・スミスが弟からの遺産により1871年にスミス（女子）大学をつくった。1875年には学長も教授もすべて女性というウェルズリー（女子）大学が創設され、1885年にはドイツ流の学問中心であるブリンマー（女子）大学が設立されたのである。ヴァッサー大学には、本書で重要な脇役である山川捨松と永井繁子が、ブリンマー大学には主役である津田梅子が留学したことを次章以下で述べる。セブン・シスターズの残り二つの女子大学は、男子のハーバード大学との連携校であるラドクリフ（女子）大学が1893年、同じく男子のコロンビア大学との連携校であるバーナード（女子）大学が1889年に設立された。

これらをまとめると、ヴァッサー、スミス、ウェルズリー、ブリンマー、バーナード、マウント・ホリヨーク、ラドクリフの七つのカレッジ（女子大学）がセブン・シスターズとして名門大学となったのである。

共学大学と女子大学での女子教育の違い

共学大学と女子大学では、女子の教育内容に関して違いがあったのだろうか。不思議なことに、共学大学の方が家庭をどう管理すべきかということを学ぶ家政学を重視して開講していた。一方の女子大学では、家政学はあまりにも女性的であるとして、カリキュラムから外されていたとの指摘がホーン（2004）にある。なぜこのような違いが生じたのか。ここでいくつか私見を述べておこう。

第1に、女子大学（特にセブン・シスターズ）は東部の男子大学であるアイビーリーグを意識、あるいは対抗して設立されたことに関係している。すなわち、アイビーリーグは古典、人文・社会科学、自然科学などを中心にしたいわゆるリベラル・アーツの教養科目を重視したので、女子大学でもこれらのリベラル・アーツ教育を尊重したのである。重要な補足をしておきたい。それは多くの女子大学が全寮制を原則としていたので、寮における日常生活、料理、清掃、洗濯、裁縫などを学生自らが行うのが普通であり、そこでの経験から家政一般を学ぶことができた。すなわち大学の科目で学ぶのではなく、日常生活の一部として寮生活からそういう家政学を習得できたのである。

第2に、家政を寮生活から学んだ名門女子大学の学生であったが、卒業後は大きな選択が待ち受けていた。すなわち、「結婚かキャリア（職業）か」という選択である。1880年代、90年代ではかなり多くの女学生がキャリアを選択し、結婚には踏み込まなかった。例えば、ブリンマー、ウェルズリー、ラドクリフという女子大学の卒業生は20世紀に入るまでは、結婚率が40パーセントという低さであった。一方で良妻賢母への期待が高いアメリカだっただけに、60パーセントほどの女性が結婚しないという現実はやや異常であった。当時であれば働きながら家庭を持つというのは、現代と異なって不可能に近いことだったので、このように低い結婚率にならざるをえなかった。能力の高い女性が名門女子大学で学識と技能を深め、1度職業生活に入ると結婚は無理だったのである。

第3に、共学の大学は中西部と西部地方の大学に多かったので、これらの地域はリベラルな東部と異なり伝統的な価値観が優勢だったのであり、女子が家政一般を学ぶということをその地域の人々が容認していた。すなわち性別役割分担の意識が強かったのである。従って、共学の大学に学ぶ女子学生も家政学を喜んで学んだし、大学側もその要望に応えていた。

三、岩倉使節団の女子留学生

ペリー来航の衝撃

よく知られているように、江戸幕府は鎖国政策を採用して、長崎におけるオランダとの小規模な外交と貿易を除いて、諸外国との交渉と貿易を認めていなかった。

江戸時代の後期になると、ヨーロッパ諸国の植民地政策の一環として、アジア諸国への進出が強くなって、日本もその標的の一つになりつつあった。そこにアメリカのペリー提督を指揮官とする艦船４隻が１８５３（嘉永６）年に、開国を求めて浦賀に来航したのである。アメリカは日本を植民地にしようとする意図はなかったが、少なくとも日本の開港と通商貿易を開始したいとの希望での来日であった。

開国要求にどう対処するか、幕府はその対応に苦慮したし、国内も開国派と攘夷派が激しい対立をするようになった。これが倒幕派と新政府派の対立と絡み、幕末は未曽有の混乱に陥った。事の経緯については歴史書に譲り、ここでは１８６８（明治元）年に天皇親政による明治維新の成立をみたことだけを述べておこう。

ここで、本書にとって参考になる重要な情報は、西洋の経済力、技術力、軍事力などあらゆる面で日本が見劣りすることを悟り、幕府側も倒幕側も西洋を学ぶために、明治維新前に派遣団を送ったことである。このまま日本が西欧諸国からの攻勢に抵抗できないのなら、日本はいずれ滅亡するか、植民地化されるかもしれないとの危惧から、欧米諸国を実際に見るべく派遣されたのである。

まず、幕府側については榎本（2017）で知ることができる。なんと幕府は6度も派遣しており、欧米のことを知りたい熱望がわかる。

第1団は、有名な咸臨丸に乗った1860（万延元）年の万延遣米使節でアメリカに渡った。勝海舟や福沢諭吉がいた2巡目は1862（文久2）年の遣欧使節であり、ヨーロッパに行った。この団員の中に、本書でも登場する福地源一郎、福沢諭吉がいた。福地や福沢は視察の結果を書物にまとめて出版し、日本人に西洋の実態を知らしめるのに大いに貢献したのである。後に日本資本主義の父となる渋沢栄一も同行した。渋沢の渡仏経験については橋木（2020b）に詳しい。

なお、ここで重要な指摘をしておこう。1867（慶応3）年の遣米使節団に津田梅子の父・仙が通訳として同行していたこと、1863（文久3）年の第2回の遣欧使節に永井繁子の父・鷹之助と兄・孝がフランスに同行した事実である。梅子たちの渡米の前に、梅子と繁子の親族が既に欧米に出向いていて、これらの家庭は欧米となじみが深かったことを意味している。

幕府側のみならず、倒幕の意識の強かった雄藩（代表は薩摩藩と長州藩）も秘密裏に留学生をヨーロッパに送って、西洋を学ばせていた。薩摩藩では、有能な島津斉彬の発想、そして島津久光の決断により若者を十数人密航させた。その中には、後に大阪財界の重鎮になる五代友厚、初代の文部大臣になる森有礼などがいた。

長州藩も同様で、1863（文久3）年にこれも秘密裏にイギリスに五名を留学させたのである。その中には、後に初代首相になる伊藤博文、外相、内相、蔵相などに就いた井上馨、鉄道事業の指導者となった井上勝などがいた。これらの人物はロンドン大学のユニバーシティ・カレッジで法律、政治、工学などを学んだ。

ここで述べたかったことは、幕末の時代に幕府派も倒幕派も外国に使節や留学生を送って、欧米の学問、技術、経済、文化を学ぼうとしていたのであり、その成果はある程度得られていたということだ。明治時代に入って、それがいっそう開花した。その代表が岩倉使節団であった。

岩倉使節団の派遣

1871（明治4）年の11月、新政府は大使・岩倉具視を団長に、副使に明治維新の功労者である木戸孝允、大久保利通、伊藤博文、山口尚芳を従えて、本隊、各省理事、随行員、留学生を含めて一〇七名の大使節団を送った。

最初は1年間の予定であったが、延びて632日にもなり、1873（明治6）年9月13日に帰国した大旅行であった。主たる訪問先は、アメリカ、ヨーロッパであり、帰路にアジア諸国も訪れた。なぜ、ここで岩倉使節団かといえば、津田梅子をはじめ五名の女子留学生がアメリカまで同行したからである。

米欧亜回覧の会・泉（2019）によると使節団の目的には次の三つがあった。

（1）幕府が条約を締結した相手国へのお礼と国書奉呈（新政府の挨拶と考えてよい）

（2）条約改正のための予備交渉

（3）欧米各国の文物・制度調査（西洋文明の摂取）

明治新政府にとっては、（2）の各国と締結した不平等条約の是正という目的を有していたが、岩倉使節団ではそれがうまく進行しなかった。むしろ（３）の西洋事情の吸収という目的の方に成功があったとみなせるが、一方では「大観光旅行にすぎない」という批判もなされた。筆者の判断するところは、この使節団の功績は、欧米列強諸国の進んだ法律、政治、経済、産業、文化、人々の生活などを見聞した結果、日本では早急に憲法を制定して法治国家になる必要があると感じたこと、そして産業革命の達成によって、欧米諸国の経済が繁栄している実態を見聞して、日本も工業化を図る振興策が必要である、と感じたことにあると理解している。

明治政府は富国強兵、殖産興業を二大政策目標に掲げたが、出発点はこの使節団にあるとみなしてよい。そして、木戸、大久保、伊藤といったその後の日本政治を動かす人々が重要な団員として存在していたので、帰国後もこれらの政策の実行に携わったことが大きい。もっとも大久保と木戸は国内で政治状況が不穏になりそうな気配があったので、途中で切り上げて早々に帰国しているが、使節団の目的を達した人として、これら二人も無視できない。伊藤はよく知られているように初代首相となって明治憲法を制定したのである。

女子留学生の選抜

本書の主役は津田梅子、脇役は山川捨松、永井繁子の二名であるが、岩倉使節団にはこの三名のほか上田悌（悌子とも称される）と吉益亮（亮子とも称される）の二名もワシントンDCまで同行したので、これら五名がどう選抜されたかを見ておこう。それについては畠山（2019）が詳しい。

1869（明治2）年に北海道の開拓にあたる官庁がつくられたが、その次官に黒田清隆が抜擢された。黒田は薩摩藩士で、戊辰戦争の箱館（現 函館）戦争で指揮官として勝利しており、北海道に詳しいだろうとのことで任命されたのである。新政府は、黒田にアメリカ西部の開拓を勉強して北海道の開拓に参考にせよとの命令で、明治初期にアメリカに向かわせたのである。アメリカのワシントンDCで公使だった同じ薩摩出身の森有礼に会った。

森も黒田も、人間を育てるには母親の役割が重要であると意見の一致をみていた。帰国後の黒田は岩倉使節団の派遣を知り、女子留学生を含めるべきだと政府に進言した。政府はこれに応じて志願者を募集したが、応募はゼロであった。明治初期にわが娘をアメリカに留学させるという親など存在しなかったのは当然である。

そこで政府は縁故に頼って募集を図り、次の五名に決定した。

東京府士族外務中録　上田峻娘　悌子　15歳
東京府士族同府出仕　吉益正雄娘　亮子　15歳
青森県士族　山川与十郎妹　捨松　12歳
静岡県士族　永井久太郎養女　繁子　9歳
東京府士族　津田仙娘　梅子　7歳

ただし、文献によって年齢の記述に差があるので、ここでの年齢の数字には不正確さがある。古い時代のことなのである程度やむをえない。上田が外務官僚の娘であり、残り四名は旧幕府側の藩士の娘である。

ここで重要な情報は、「ペリー来航の衝撃」のところで強調したように、実父や実兄が欧米を訪れた経験があり、欧米で勉強することの意義を理解していたことだ。実娘や実妹に岩倉使節団の留学生として外国行きを強烈に勧めたことは確実である。この、とても若い年齢の少女が自分の意思で見知らぬアメリカという外国には行こうとしないであろうから、親族の勧めが決定的に重要だった。

なぜ、賊軍とされた旧幕府側の娘が行くことになったかについては、次のような私見の解釈を述べておこう。

賊軍とされた藩士の娘であれば、頭《こうべ》を垂れながらの人生を送るか、あるいは嫁入り先での生活で苦労するかもしれない、との危惧があるので、新天地を求めてアメリカに行くのが良い案だ、と周りの親族が思った可能性がある。賊軍の藩士の息子であれば、繁子の実兄である益田孝（三井物産社長）や捨松の実兄である山川健次郎（東大総長）などのように、本人の能力と努力で不利な人生を覆すことができるが、女の子は日本にいる限りそれができないので、いっそのこと、アメリカに行った方が道が開けるかもしれないと思ったのではないだろうか。

教育制度の向上に尽力した森有礼

彼のことを詳しく知っておこう。その理由は大別して二つある。

第1に、五人の少女が岩倉使節団とともにワシントンDCに向かった後、ワシントンでの生活は公使の役でいた森が、父親のような役割を果たす庇護者だったので、留学の成功をもたらす立役者の一人であった。

第2に、後になって初代文部大臣に就任した森は、日本の教育制度の骨格を作り上げた人なので、教育界に身を投じた津田梅子、永井繁子に限らず、多くの日本人が影響を受けたのであり、日本の教育を語る上ではとても重要な人物である。

森有礼はどのような人生を歩んだのだろうか。その全容を知るには犬塚（1986）が有用であり、その中からワシントン公使時代と教育行政担当の仕事を中心に論じてみよう。

幕末に、雄藩は秘密裏に欧米に使節団や留学生を送っていたと述べたが、薩摩藩の留学生の一人として森有礼がいた。イギリスで英語のみならず、文明、自然科学、人文・社会科学を学んだ。帰国後は外務省の役人となった。その後、アメリカ、清国、イギリスなどでの滞在経験がますます森をして外国の事情に精通させることになる。森は、これらの国に住むことによって次の二つの重要なことを学び、日本の政策を考えた。一つは、欧米の列強国の進んだ文明と技術に追いつくためには、日本人の教育水準を上げて有能な人材を数多く生まねばならないと信じた。二つ目は、清国に滞在しているときに、清国が欧米列強諸国の食い物にされつつあることを知り、日本も国力を増強しないと、清国のように植民地化される恐れがあると感じた。

この二つの強烈な印象というのは、森有礼に、日本において教育制度を充実させねばならないという信念を植えつけることとなった。

有名なことであるが、森は欧米の文明・学問・技術を学んで自己のものにするのにもっとも手っ取り早い方法として、日本語を排して日本の国語を英語にせよ、という極端なことまで主張したことがあった。筆者のみならず多くの日本人からすれば「西洋かぶれ」の極みとしか映らないが、一方で、森の日本に対する危機意識、すなわちこのままだと日本は経済発展から取り残されて、下手をすれば清国のようになるかもしれないという考えはわからないでもない。

森有礼にとって重要な人生上の転機は次の二つにある。

一つは、外交官としてワシントン滞在中に経験したことである。当時の新政府は欧米諸国との不平等条約の是正を望み、岩倉使節団はワシントンでその交渉にあったが成功しなかった。小国日本の悲劇を森は痛感したのである。

ワシントン公使時代には、政府の要人のみならず、五名の少女の面倒をみる役に就いた。森は最年少の梅子を見て、「こんなに幼い少女をアメリカに送り込んでどうするのか」と驚嘆したと伝えられる。この五名が、どこのアメリカ家庭に寄宿すればよいかなど、細かいことに注意を払い、後に詳しく示すように少女にとってふさわしい家庭をみつけるのである。しかも、コネティカット州の家庭に自分で出向いて紹介したというから、少女の留学を成功させるために多大な貢献をした。当時の森はまだ二七、八歳と若かったが、父親のような気持ちで少女達を導き、かつ相談相手としての役割を果たした。

ワシントン滞在中に森のした仕事として無視できないことがある。それはアメリカの教育者をはじめ知識人に質問状を送ったり、インタビューを行って、後進国の日本の教育制度をどのようにすればよいのか、アドバイスを求めたことだ。

ここで得られた知識が後に日本で文部大臣になる前と、なったときに活かされたことは言うまでもない。一つだけその成果を述べておくと、森はビジネス教育の重要性を学びとった。帰国後に渋沢栄一などの支援を得て、東京に商法講習所（東京高等商業学校、後の一橋大学）を創設して、商業教育を実践する学校を設立した。

重要な転機の二つ目は、伊藤博文が、皇帝が強い権力を持つプロシア流の立憲君主国を見聞するため訪欧したときに、駐英公使として伊藤に会ったことだ。そこで伊藤と森は、プロシアの成功に続くには、教育制度の充実が日本の発展にとっては不可欠である、と意見の一致があった。強い国でかつ豊かな経済の日本をつくるには、高等教育と義務教育の充実が先決ということを悟った。伊藤博文が初代の首相になったとき、森有礼を文部大臣にすることの布石が既に打たれているのである。

文部大臣、森有礼

外交官としての仕事を終えた森有礼は次の仕事として、1885（明治18）年に伊藤内閣の下で初代の文部大臣に就任した。伊藤・森の教育哲学の立場からして、上からの教育制度改革がスタートするのである。換言すれば、政府主導の教育改革を強烈に実行して、強い国日本をつくる道を歩むのである。

森有礼を総合評価する前に、彼の文部行政以外のことについていくつか書いておこう。森の人生全体を評価する上でも役立つ事柄だからである。

第1は、啓蒙を中心とした学会組織「明六社《めいろくしゃ》」の創設である。後に記述する。

第2は、1873（明治6）年にアメリカで駐米代理公使の職務を終えて帰国した森であったが、様々な物議をかもす発言、例えば「廃刀論」や既に述べた「国語廃止論」のような過激な論陣を張っていたので、「西洋かぶれ」という言葉で代表されるように、国内で批判者も多かった。

江戸時代のトップにいたのは武士階級だったので、明治維新以降でも「士族」としてそれなりの高い身分を保持していた。森有礼が「士族」が「刀を捨てる」という案を新政府に建議した行動は1869（明治2）年であった。森の論拠は、日本が近代化するには、制度の変革だけに頼るのは駄目で、トップの身分にいる士族が自ら変革せねばならないということであった。その象徴が、森にとっては刀を持たないことであった。

しかし、身分社会がまだ消え去ったわけではない明治の初期において、帯刀することは士族の身分を象徴することでもあるし、これまで多くの武士が刀を持つことに誇りを感じていたので、簡単に「廃刀論」に賛成する雰囲気になかった。むしろ「廃刀論」は上層部を中心にして国民的な非難を浴びることとなり、森は命の危険にさらされ、ついに「廃刀令」の建議を引き下げる。そして議事体裁取調所という政府における調査・研究機関の職を辞することとなる。

だが、森有礼の「廃刀論」は、紛争発生の7年後の1876(明治9)年に、軍人、警察官、官吏制服着用の場合を除いた「廃刀令」が公布されたので、ついには世に認められたことを意味する。社会の雰囲気を十分に読み切れていなかった森有礼の性急な「廃刀論」であったが、しばらくしてから彼の説が受け入れられたのであるから、全面敗北ではなかった。一方、政府関係者や国民一般に対して、森という人物は手荒なことを主張する人物との印象を与えたことは事実であった。

明六社のことに話題を戻す。「廃刀論」や「国語廃止論」などという過激なことを発言する危険分子、あるいは西洋かぶれとみなされた森有礼であるが、アメリカからの帰朝後に少しだけ丸くなったのか、日本においても文明国になるには啓蒙活動が必要と感じて、学者を集めて国民への教養普及と近代化路線の宣伝を始めようとした。それが明六社である。東京大学の前身である蕃書調所や開成所の出身者、ないしそこの教師である加藤弘之（後の東大の学長）、津田真道、西周などの官僚学派、民間にいた福沢諭吉、中村正直、西村茂樹などの思想家、教育家といった知識人の集まりの場所である。

この明六社は、定期的に会合を持って、議論を闘わすことを行ったし、外への啓蒙活動も積極的にした。言論・思想の発展において、明六社の果たした役割は大きい。機関誌である『明六雑誌』はわずか二年の発行期間にすぎなかったが、啓蒙雑誌として政治、法律、財政、社会、哲学、歴史、教育などの非常に幅広い分野を主題とする論文を掲載し、影響力は強かった。

『明六雑誌』における森有礼のいくつかの論文のうち、筆者から見て影響が大きく、かつ現代にも通じる論点と判断する二つについて、簡単に述べておこう。

第1は、「学者職分論の評」で主張された、後に福沢諭吉との論争の種にもなる学問や学者の役割についてである。福沢は私学の慶應義塾の創設者らしく、学者は在野において研究・教育に従事すべきで、政府や役所の中に入って政策の立案や指導にあたるべきでないと主張していたが、森有礼は国家に貢献する学者の役割を説いている。後に、文部大臣になって「帝国大学令」を発して、国家の指導者となるべき人を養成する東京大学の役割を明確にした森の立場が鮮明である。

第2は、森有礼の論文で、有名な「妻妾論」である。当時の日本では権力とお金のある男性を中心にして妾をもっていたし、妻と妾が同じ家に住むなどという不自然なことも珍しくなかった。かの資本主義の父とされる渋沢栄一も妻と妾が同じ家にいたこともある。

森は欧米における一夫一婦制の結婚を念頭において、夫婦は対等であるべきとの主張を展開した。現代からすれば森の主張は当然のことを言ったにすぎないと思われるが、女性が男性より一段低く扱われた時代だったので、森の主張には画期的な意義があったのである。森は男女間の完全平等までを主張したのではないが、少なくとも対等の地位にあるべきだとした。さらに、女性の役割として「良妻賢母」型を理想とすることも、後になって主張することを付け加えておこう。

森有礼の女性観「良妻賢母」論は、後に女子教育の充実策を図ることにつながる。社会・国家に貢献する国民を育てるには、母親がしっかりせねばならないという見地から、女子教育の重要性を主張したのである。

以上、『明六雑誌』に現れた森有礼の教育哲学は、学者の役割、経済・商業の重視、女子教育の必要性、ということに要約される。

ここで教育行政者としての森有礼を総括しておこう。文部大臣時代には、「帝国大学令」によって帝国大学（後の東京帝大）を国家に役立つ人を養成する官立のエリート大学とした。さらに、後になって「小学校令」「中学校令」「高等学校令」で、日本の教育制度の骨格をつくるのに貢献したのである。これらは現代まで、姿は変化したけれど残っているので、批判は当然あろうが、森の功績とみなしてよい。

筆者の強調したい点は、森が先生を養成する師範学校をつくった点である。有為な人材を生み出す学校においては、優秀な先生の確保が第一という森の信念から生まれたものである。昔は貧乏な日本だったので、優秀でも旧制中学校に進学できない子弟が多くいたが、森は師範学校の学費をかなり安くして（後には無料となる）、優秀な先生の卵を確保しようとした。

良い意味でも悪い意味でも、西洋かぶれで、しかも過激な発言と行動をした森は、最後は国枠主義者によって1889（明治22）年に刺殺された。40代そこそこの若さであった。

第2章　津田梅子の幼少期と渡米

一、父のアメリカ滞在と梅子への期待

梅子の父・仙の人生

1864（元治元）年、梅子は佐倉（現 千葉県）藩の藩士であった父・仙と母・初子の次女として、江戸の牛込で生まれた。幕末の騒乱期であり、4年後には明治維新の時代を迎える激動期であった。梅子の幼少期とワシントンDCの頃に関しては吉川（1956）、山崎（1962）、大庭（1990）に詳しいのでそれに依拠する。

梅子を語るには、父・仙と母・初子のことを知っておく必要がある。特に仙は、当時としては相当に西洋言語と文明に精通した人物であり、娘・梅子はそのDNAを多大に継承したことは間違いない。そこで仙の人生を詳しく追究しておこう。仙の人生に関しては高崎（2008）を参照した。

佐倉藩主・堀田正睦の家臣であった小島良親の三男として仙は生まれるが、後に津田家の初子の婿養子となるので、姓は津田となる。幼少の頃は、藩校の成徳書院（現千葉県立佐倉高校、余談であるが巨人の選手・監督だった長嶋茂雄の母校）で学ぶが、学問よりも武術を好んだし得意でもあったとされる。山崎（1962）に引用された仙の言葉によると、「自分は漢書を学ぶが覚えが悪く親から折檻《せっかん》を受けるほどだったが、馬術や剣術は強く、達人と称されるほどであった」とのことである。

しかし、時はペリー軍艦の到来期であり、17歳の仙は砲術を学んで江戸の防衛にあたるのであった。同時に藩主・堀田正睦の影響により、洋学、特に蘭学を学ぶようになった。

正睦が、幕府の老中首座であった阿部正弘の下で老中になり、通商条約の締結といった外交問題を担当することとなった。西洋のことを知るために家臣に蘭学を学ばせるようになり、仙もそれに応じたのである。ただし仙は、実際に学びたいのはオランダ語ではなく、当時は汎用性の高くなりつつあった英語であった。福沢諭吉が必死になってオランダ語を勉強したにもかかわらず、外国人に通じないことを知ってから、英語を学ぼうとした動機に近くて興味深い。

仙は、横浜や江戸で必死に英語を勉強した成果が活きて、幕府の外国奉行の通弁（通訳のこと）に採用されたのが1856（安政3）年だった。幸運は、1867（慶応3）年に幕府がアメリカに使節団を派遣したときに、随員として福沢諭吉とともに随行できたことで訪れた。

3ヶ月半という短い滞米期間にもかかわらず、仙はアメリカで多くのことを学んだ。特に農業のことや農学の知識の吸収に励んで、その経験が後になって仙が農業分野で活躍することになる要因となったのである。

仙のアメリカ滞在と帰国

ここで仙がアメリカで何をして何を学んだかを記述しておこう。

幕府の使節団の目的は、アメリカから軍艦、大砲や小銃、種々の書籍の輸入の交渉にあたることにあった。1867（慶応3）年の1月であった。代表は勘定吟味役（老中に属して裁判の仕事や事務全般の監査の仕事を行う役人）の小野友五郎と、開成所（幕府の洋学研究学校・後の東京大学）の副校長だった松本寿太夫であり、仙は小野の随員かつ通訳という役目であった。

興味ある記述が高崎（2008）にある。仙の主たる仕事は通訳ではなく、通訳はそれの得意な同僚の尺振八があたり、仙は翻訳などに従事していた。また福沢諭吉はオランダ語や学びつつあった英語が通用しなかったので、通訳・翻訳にはあたらず、自分で英書の購入などで時間を費やしていた、とのことである。公務にはさほど役立たなかったが、自分の学問のために有用な資料を探した福沢は、アメリカより数多くの専門書を日本に持ち返って、後の彼の学問への傾倒に役立てたし、彼の創設した慶應義塾で使用する教科書の購入に熱心だったと想像できる。

仙の一行は、１月23日に横浜港を出港し、２月16日にサンフランシスコに到着している。帰りは６月５日にサンフランシスコを出港し、同月の26日に横浜に帰着した。在米期間が３ヶ月半ほどという短い期間にすぎないが、仙はアメリカで多くのことを学んだ。

ワシントンＤＣでは、アンドリュー・ジョンソン大統領に謁見しているし、各地の学校、博物館、農園、本屋などを視察して、後の彼の生活に役立つ仕事をしている。特に重要なのは、様々な農産品の種子を購入し、農業や医学に関する書物を日本に持って帰る手配をしたことにある。英語に強かった仙にとってはこれらの書物は特に役立った。

仙は佐倉藩士だったので、基本は江戸幕府側の武士として、新政府軍と戦わねばならなかった。戊辰戦争のときは、新潟で新政府軍と戦った経験があるし、新潟では洋学講習所を設立して若い青少年に洋学を教えた。洋学講習所の同僚に上田峻がいたが、彼の娘・悌子は後に仙の娘・梅子と共に岩倉使節団の少女としてアメリカに渡る。仙は、アメリカに滞在して以前より英語はうまくなっていただろうし、持ち返った数々の英書を用いて洋学講習所で教えたのである。

やや横道にそれるが、そのときの弟子に小島憲之がいる。彼は津田仙と同じように英語を横浜で学んだ後、アメリカのコーネル大学で建築学を学んだ。日本で最初のアメリカで建築学士となった人とされる。後に東大などで英語や美術を教えた人物である。建築家としてはさほど仕事をしておらず、むしろ教育者として有名であった。後になって神田乃武などとともに英語教育界では名の知れた人である。

明治維新の時代になって、仙は幕府側の官職を辞して、築地に建設された洋風レストランに勤めて、宿泊する外国人に供する野菜の栽培を行うといった仕事も経験した。この経験は後に農業の本を出版したり、農業に本格的に取り組むようになるのに役立ったと思われる。そうこうしているうちに、仙にまた外国行きの仕事が舞い込んだ。それは1870（明治3）年の末であり、兵部卿（今でいう防衛大臣）をしていた東伏見宮嘉彰親王のイギリス留学への随行であった。

英語の得意な彼には打ってつけの仕事であったが、イギリス滞在はほんの1、2ヶ月という短い期間にすぎなかったので、イギリスの経験が彼の人生にどれほど役立ったかは不明である。

アメリカ滞在の方がはるかに有益であったことは確実である。しかし、東伏見宮妃が後になって仙の娘である梅子が開校した女子英学塾（後の津田英学塾、津田塾大学）をなにかと支援しているのであり、仙が東伏見宮に随行してイギリスに行ったことのお蔭と解せるので、あえて仙のイギリス行に言及した。

外国行きのついでに、仙はオーストリアにも行ったことを一言述べておこう。1

873（明治6）年にウィーンで万国博覧会が開催されたが、明治新政府の要請により仙は三級事務官心得として派遣されることとなった。旅程を含めて1月から11月までのヨーロッパ行きであった。三級事務官心得という地位が団の構成七〇人ほどの中でどの程度の地位であったかわからないが、仙が幕臣だっただけに新政府の中では高い地位の仕事ではなかったであろう。

しかし仙にとっては、約6ヶ月間のオーストリア滞在中に、農場見学をしたり、園芸学の講義に出たりしたし、種々の農産品の種子を購入して日本に持ち返ったので、農業に関しての収穫は大きかった。特筆すべきことはウィーンのアカシアの街路樹の美しさに感動した仙は、その種子を日本に持ち返って、日本の都市の道路に街路樹として植えたことと、葡萄の栽培法を学んで、これも日本で栽培できるようにしたことであった。

もう一つの重要な史実は、博覧会の会場で仙は各国語に翻訳された聖書が展示されているのに気がつき、これらを日本に持ち返ったのである。以前からキリスト教に関心を抱いていて、同志社を開いた新島襄との交流を持っていたが、今回のウィーン行きによって、キリスト教への関心をますます高めたのである。仙が妻の初子とともにメソジスト派のキリスト教に2年後に受洗する（1875〔明治8〕年）ことは後述する。

明六社、キリスト教学、農社農学校、農業雑誌

いよいよ仙の職業人としての人生である。アメリカ、イギリスやオーストリアで農業のことを学び、日本においても東京の三田、青山、麻布などで広大な土地を借りたり購入したりして、アスパラガス、りんご、いちご、柿などを筆頭に野菜、果物の栽培に取り組んだ。三田、青山、麻布などの地名を知れば、今の東京人からすると野菜や果物の栽培などが不可能な都会の様相であるが、明治の初期であれば、これらの土地で農業は可能だったのである。しかも仙は安い値段の土地を広く購入して、農産品の栽培を幅広く成功させるのであった。

仙のインテリとしての顕著さは、ウィーンから帰国した1874（明治7）年に第1章で登場した、「明六社」に参加したことでわかる。

明六社は既に紹介したように、後に初代文部大臣になる森有礼を中心に編成された会合である。福沢諭吉、西村茂樹、西周、中村正直らの当時の知性を集めた組織であり、定期的に研究会や講演会を開いた。明治時代の初期を代表する知性・論客であるし、日本社会を思想の面で導く上でも貢献した人々であった。津田仙もその一人なのである。

次は学農社農学校である。農業に格別の関心を高く抱いていた仙であったし、実際に農産品の生産に従事していたので、学農社という同人組織を1875（明治8）年に創設した。八名の同人がいたが、実質は仙の個人事業とみなしてよく、1000坪ほどの土地を保有して農産物の生産に励み、後に述べる『農業雑誌』の発行事業も行った。

ここにおいて、仙の農業専門家としての仕事が本格的に始まったと理解してよい。この学農社は1898（明治31）年まで仙が経営にあたり、その後は仙の次男である次郎が引き継いだ。

農業経営者としての仙のことよりも、梅子との関係でいえば、仙が学農社に農学校を創設して後進の育成にあたる事業を始めたことが重要である。学農社と同じ年、同じ場所での学校設立である。娘・梅子が後になって女子英学塾を創設したのであり、父娘は学校教育に格別に熱心で、同じＤＮＡの下にいたことがよくわかる。教科書として英語の本を用いる姿勢も梅子の女子英学塾と似ており、ここでも父娘が英語好みという共通のＤＮＡを持っていた。

学農社農学校のもう一つの特色は、キリスト教を重要な教養として教えていたことだ。日曜学校を設けて、宣教師や牧師を招いてキリスト教の講話をしてもらっている。１８７５（明治８）年は、津田仙・初子夫妻がメソジスト派の洗礼を受けてキリスト教信者になった年でもあり、農学校がキリスト教の色彩を帯びるようになるのは当然の成り行きであった。

無教会主義の内村鑑三によると、農学校卒業生の90パーセントがキリスト教徒になったとされるので、この学校におけるキリスト教との関係は密接だったのである。このキリスト教も仙・梅子の父娘には共通のＤＮＡが流れていることを示している。

学農社農学校は、１８７６（明治９）年に新校舎を建てて農業教育を本格的にスタートさせ、学生数も増加した。多い学年では一七五名にも達するほどの人気校になったのである。しかし、不幸が農学校を襲うようになった。それは1877（明治10）年に東京の駒場に官立の農事修学場（後の駒場農学校、東大農学部）が設立され、そちらに学生の志望が集中するようになったことだ。同じ頃に札幌農学校（後の北海道大学農学部）も設立されており、農学社農学校は生徒を集めるのに苦労するようになった。

これら新設の学校は、官立だけに設備もよくて権威があったし、しかも学費も安かったであろうから、学生が目指すのは避けられないことであった。

私立学校の農学社農学校は苦境に立たされることとなり、1884（明治17）年にはついに閉校を余儀なくされた。娘・梅子の創設した私学の女子英学塾も財政難に陥ったことがあり、これも父娘が似た経験を有している。

学農社農学校は、一時は福沢諭吉の慶應義塾、中村正直の同人社、尺振八の英学塾とともに四大私立学校と称されたこともあったが、明治時代の私立学校は官立学校と比較すると財政的に苦しい経営を迫られることが多かった。橘木（2011）が示したように、京都においても新島襄の同志社が、京都の官立・第三高等学校（後の京都大学）の財政の豊かさをうらやましく思っていたのであり、明治時代の私立学校は官立学校に押されて苦しい経営にいたのである。

ここで福沢諭吉と津田仙の比較をしておこう。両人ともに江戸末期に誕生した人物であり、その後、欧米を訪問するという共通の経験をしている。明六社では同人であったし、私立学校（慶應義塾と学農社農学校）を開設したのも同じキャリアである。しかし、慶應義塾は苦労もあったが生き延びて私学の雄にまで成長したが、農学校は10年ほどで廃校となってしまった。宗教に関しては、津田はキリスト教信者になったが、福沢はそうではなかったという違いがある。さらに福沢は、現在では明治時代の知性の代表として名が残っているが、津田は知る人ぞ知る人物にすぎないという評価の違いがある。

高崎（2008）は両人を比較して、興味深い指摘をしている。「津田仙は福沢諭吉を好んでいなかったのではないか」というものである。特に計算高い行動をする福沢を好んでいなかった、と主張している。

ここにはキリスト教信者とそうでない人の間での、人間への見方の違いがあったのだろう。津田は農業という重要な産業ではあるが、どちらかといえば自然との共生を目指しながらも後進産業というイメージが残っているものを専門とし、福沢は工業や商業という近代化につながる産業を重視して、殖産興業という将来の経済発展の基礎となる世界に関与した差があった。

経済学は、誇張すれば損得で評価する学問なので、自然と取り組む農業の人からすると経済学は好みではない可能性があるし、津田からすると福沢の行動は損得を考慮した上でのものであると評価したかもしれない。

最後は、仙が編集者となって年に何度か（当初は月に2回）発行する『農業雑誌』を扱う。農学校の設立と同時に、農業に関する様々な論稿を掲載する雑誌である。国家の中心にある産業は農業であることを世に問うため、アメリカ農業の紹介から各種農産品の育成のやり方、種子のことや害虫予防の仕方、葡萄酒の醸造方法、農作物の販売方法までを含めて様々なテーマを扱ったのである。執筆者は農学者のみならず、地方の農家の投稿までを含んでいた。購読者は直接の購入が主たる人であ

った が、各地の書店でも並べられた。
残念ながら農学校は廃校になったが、学農社は継続して存在し、仙は農業活動と経営に関与し続けたし、『農業雑誌』の発行は長い期間にわたって続いた。しかし１８９７（明治30）年に仙が還暦を迎えることとなり、次男の次郎が学農社と『農業雑誌』を引き継いだのである。

梅子の幼少期の教育

梅子は１８６４（元治元）年の12月3日（新暦）に江戸で誕生している。津田仙・初子夫妻の次女であった。長子も女子であったので、仙はまたの女子の誕生にガッカリしたのであるが、佐倉藩士の仙としては後継ぎに男子の誕生を期待したのは、江戸時代であれば仕方のないことであった。これまでに父親・仙のことは詳しく述べたが、母・初子のことを一言述べておこう。

仙は１８６１（文久元）年に徳川御三卿の一つである田安家の家臣・津田大太郎の婿養子となった。大太郎は義理の父ということになるが、下級武士の身分であった。大太郎は栗沢汶右衛門定静の妹「ふく」と結婚し、長女・竹子と次女・初子をもうけた。その次女が仙の妻となったのである。どうして仙と初子が結ばれたかは不明であるが、当時の慣習からして両家の親同士が決めたのであろう。

仙・初子の夫婦は一二人の子だくさんであった。長女の琴子は仙の起こした学農社農学校の教員だった上野栄三郎と結婚して、実業家になった上野とともにアメリカで生活した。次女が本書の主人公である梅子である。後に男子が生まれるが、父・仙と同様にアメリカに渡るが早世した。次男の次郎は父・仙の後を継いだことは既に述べた。五男の純は早稲田専門学校を出て、和歌山県知事などを務めた。他の子どもはほとんど早世している。

初子は琴や三味線などに堪能であったし、武士の娘であったので読み書きはできた。しっかりした子育てをしたことで知られている夫・仙によく尽くして仙の仕事の手助けになったし、夫とともにキリスト教信者にもなっている。江戸時代末期、そして明治の女性らしく、良妻賢母であったことは間違いない。

仙・初子の指示によって梅子は4歳の頃から、読み物や琴の手ほどきを受け始めた。1870（明治3）年の春頃から家塾に通って読み書きの個人教授を受けたのであり、梅子の教育はしっかりしたものだったので、学力に磨きはかかった。しかし翌（1871）年の11月、梅子は岩倉使節団の一員としてアメリカに向かうので、家塾での習いは1年半ほどしかなく、高い水準の読み・書きは習得していなかった。

これは梅子にとって幸運と不運をもたらしたと解釈できる。

幸運とは、7歳のときにアメリカでの生活を始めるのであるから、日本語をまだ確実なものにはしていないので、新しい言語である英語を学ぶには好都合であった。日本語が英語の修得に邪魔にならなかったのである。

不運とは、後に述べるように10年後に日本に帰国することになるが、アメリカで英語をマスターしていたし日本語の知識が非常に乏しかったので、日本語に苦労することになったのである。

梅子との関係で重要なことは、時間を少し戻すが、仙が1871（明治4）年に新政府が設立した北海道開拓使の嘱託になったことにある。そこの次長であった黒田清隆が、岩倉使節団として派遣する女子学生の選考を行っていた。この使節団のことは前の章で述べたし、女子留学生の応募者は当初ゼロであったことも記した。そこに仙は、自分の娘である梅子を自ら推薦したのである。わずか7歳前後である。

ここで、なぜ仙が自分の娘をアメリカまで送る気になったかを考えてみよう。既にアメリカまで行っていた仙なので、アメリカがいかに進んだ国になりつつあるかを知っていた。幼い子どもでありながら、当地で勉強するのはとても役立つと信じたことは間違いない。

筆者がもう一つ加えたい説は、吉川（1956）や山崎（1962）に書かれていることにヒントを得たものだ。

当初、仙と初子の間には女子しか生まれず、仙はそれをとても残念がっていて、男子の生まれるのを切望していた。女子に名前を付けることすら拒否していた事実があり、男子ならこの激動の時期に意気揚々と生きていけると期待できたし、当時の社会であれば女性は妻と母としての役割しか果たせえない時代だったので、仙の落胆は当然だった。

しかし現実的に、ここで女子であっても梅子をあたかも男子のようにみなして、留学させて男子のように開かれた人生で活躍する生涯を送ってほしいとの想いから、換言すれば、梅子を男子としてアメリカに送り出したのかもしれない。

二、ワシントンDCとランメン家

第2の父母、ランメン夫妻

岩倉使節団の女子留学生五名は、1871（明治4）年11月12日（新暦では12月23日）に横浜港を発ち、翌年の1月にサンフランシスコに到着した。サンフランシスコに到着したとき、梅子は次の二つの逸話を遺しているので、山崎（1962）に依拠しながら記しておこう。

第1は、ホテルに滞在しているとき、少女三名が振袖と稚児髷姿でくつろいでいたとき、近くにいたアメリカ人の婦人たちが話しかけてきた。英語が当然わからないが、彼女たちの誘いに応じて広い部屋に行くこととなった。その部屋には人形やおもちゃがあったので、少女達はよろこんだのであるが、アメリカの婦人達は少女の和服を上から下まで眺めるし、髪の結い方に珍奇の眼を注いだのである。

アメリカ人にとって、日本人の少女の姿を見るのは初めての経験だったのであろう。ジロジロ観察するのは不思議なことではなかった。梅子たちにとっては異国に来ると珍しい存在として見られる、という事実を改めて知らされた。アメリカ人に物珍しがられるのを嫌って、梅子たち少女はシカゴで子ども用の洋服を買ってほしいと岩倉大使に要求して、服を洋装にしたのである。

第2は、少女達が初めて黒人を見たときの驚愕である。ひどくびっくりして、どんなに恐ろしい人に見えたのかを記している。白人の顔は、写真などで見ていたであろうが、黒人の姿に接するのは生まれて初めてであり、恐怖を感じたのであろう。今の時代にこのようなことを書けば、人種差別主義者として批判の嵐である。およそ150年前のことであり、小さい子どもが今まで見たことのない珍しい人を見て恐ろしく感じたのは、子どもだけに許されることであろうが、現代において、このような文章が明らかになれば大変な事件となるであろう。

シカゴを経て、29日にワシントンDCに到着した。ここで大使一行から五名は別れて、公使の森有礼の準備した家に住むこととなった。しかし五名が、いつも一緒にいると日本語ばかり話すので英語がうまくならないとわかり、五名は別々の家に寄宿することとなった。ワシントンの住宅街であるジョージタウンのランメン家に梅子と吉益亮子は引き取られた。アメリカでの留学生活が始まったのである。

日本政府は、日本大使館で書記官を務めているチャールズ・ランメンの家に留学生を寄宿させたが、ランメン家にとっても彼女たちを引き受けることは、寄宿料が高いだけに魅力的な話でもあった。当初は、梅子を引き受けるのは1年間の約束であったが、結局、梅子は帰国までの10年余りをランメン家で過ごしたことになる。ここで、少女期を10年間も過ごしたランメン家のことを詳しく述べておこう。

夫のチャールズ・ランメンは、ミシガン州の収入役をやった父親、母はインディアンの血の混じったフランス人であった。商社員を10年間務めてから、執筆活動に入った人物でもある。図書館勤めもしたことがあり、彼にも著作があり、『The

『Japanese in America』を日本大使館勤務の時代に出版している。妻のアデリンは実業家として成功した人物の娘であり、ランメン夫妻の家は、アデリンの父親が結婚祝いとして寄贈したものであった。従って家屋はかなり贅沢であり、家具、美術品、骨董品、蔵書で満ちており、博物館ほどの価値があった。

日本贔屓のランメン家には、日本の書物や刀、美術品も備わっていた。このような家庭に育てられた梅子は、経済的に不自由なく、かつ知的雰囲気を享受することができたのである。しかも第2の父親、母親になるほどの親密さが生じたのである。

ランメン夫人は、梅子の母・初子宛に1872年3月4日付けの手紙を送っている。そこでは、初子の娘・梅子さんは知性に優れ、立ち居振る舞いが立派な少女であり、天より授かった才能にあふれた愛情深き人である、と感想を述べている。

この手紙に感動した初子は、4月17日付けの返書をランメン夫人宛に送った。この返書は巻紙に毛筆で美しく書かれた文章であり、英訳されて「ニューヨーク・イヴニング・ポスト」に掲載されたほどである。このランメン夫人と津田初子の手紙のやり取りからも、津田母娘の知性の高さが理解できる。梅子は仙・初子という才能ある二人の間の子どもであることがわかるし、さらにワシントンDCで、いい第2の親に育てられる境遇に入ったこともわかるのである。

初子のランメン夫人宛の手紙は山崎（1962）に全文（ただし文語体）が引用されているので、それを簡単に要約すると次のようになろうか。

「……娘が貴宅で実の子どものように世話をしていただき厚く御礼申し上げます。……貴宅の住居の写真、御二人と娘の写真などを送っていただき、感謝しております。異国での生活に娘も慣れて、きっと御国を好んでいるものと想像しております。……娘が貴宅で無事に生活していることに安心するとともに、重ねてご厚意に感謝します」

最初はランメン夫妻の家にいた梅子であったが、しばらくして五人の少女を一つの家に移して一緒に住まわせることを、森有礼は決定した。まずは五人に英語を教えるために、家庭教師を雇うことにした。1日に2時間ほどの英語の勉強と、週2回のピアノの練習だけであり、五人の少女は自由な生活を送っていた。

しかしやがて森有礼は、五人が一緒に住む生活は彼女達にとってはいい教育にならないと判断し、個人で別々のアメリカ人の家庭に住まわせた。その頃、五人のうちの吉益亮子と上田悌子は健康を害し、二人は急に帰国することとなった。

残された梅子、捨松、繁子は別々に個別のアメリカ人の家庭に預けられることになったのである。梅子はランメン夫妻の家に戻り、10年間もランメン家に住んだ。

少女時代の梅子の教育

学齢期に達していた梅子は、ワシントンDCのコレシェト・インスティテュートという小学校に相当する私塾に通うようになった。

一学年が10名程度の小さな学校で全生徒も100名ほどという規模であった。当時のアメリカでは、こういった私塾で学ぶのは珍しくなかった。この学校を卒業してから梅子は、アーチャー・インスティテュートという私立の中学校レベルの女子校に入学する。梅子はここで英語、数学、理科、社会などの普通科目に加えて、フランス語、ラテン語、そして音楽・絵画などを学んだ。梅子が学校に通うようになってしばらくしてから、ランメン夫人から津田初子宛に送られた手紙が山崎（1962）

に全文が引用されている。それを要約すると次のようになる。

「梅子は学校に通うようになったが、学友達とは仲良く一緒に学んでいますのでご安心を。梅子は学校では格別に勉強が良くできているようで、私達も感心しているところです。しかし私達は学問ばかりする生活にならないように、むしろ抑制しているところです。……ところで英語の上達にはことのほか素晴しいものがあり、会話も書くことも、日本語より英語の方が上手にできるようになっています。……私達夫妻は梅子を実の子どものように育てていますが、一点だけ申し上げると彼女にキリスト教を勧めるようなことはしておりません……」

この文面（多分初子の夫・仙の日本語訳であろう）から知る事実には大きな意味がある。

第1に、梅子の英語の上達には目をみはるものがあり、日本への手紙も英文でしたためるようになったのであるが、逆に日本語は忘れる一方であった。学校と家庭での言語が英語だけなので、仕方のないことであった。

第2に、梅子の学校での勉学はうまく進行したことを示唆している。優れた頭脳の持ち主であることと、学問を好む梅子の特性がよくわかる。

第3に、当時の日本はキリスト教禁制の時代だったので、在米日本大使館からランメン夫妻に対して、梅子へのキリスト教の教化をしないように頼んでいたと想像できる。ランメン夫人から母・初子への手紙を読むことによって、梅子がワシントンDCでの小学校・中学校で優秀な生徒であったことがよくわかる。特に理科系の学科で抜群の成績を残した。10歳を過ぎる頃には梅子の英語はネイティヴの水準になっていただろうし、学校で学問によく励んだので、望めばアメリカの大学に進学できたであろう。

ランメン一家は旅行に行く機会が多かったが、特に夏休みは梅子を伴ってアメリカ各地を旅行するのであった。このことからも梅子とランメン夫妻との間柄は極めて良好であったと理解できる。10年余りの共同生活を続けられたことが、それを如実に物語っている。梅子がランメン夫妻を第2の父母と慕うのも当然であった。

山川捨松のように、大学に進学できるほどの学力を蓄えた梅子であったが、18歳になろうとしていたところに、本国から帰国の命令が届き、梅子の大学進学は成らなかった。しかし、アーチャー・インスティテュートの卒業まで1年を要したので、滞在延長を願い出て帰国したのである。1882（明治15）年の11月のことであった。

最後に付記しておきたいことがある。それは1873（明治6）年7月13日の梅子のキリスト教洗礼であった。日本政府は、日本人留学生がキリスト教信者になることを好んでいなかったが、梅子はアメリカ社会になじむにつれ、自然とそちらの方向に進んでいったのである。後に述べる捨松のように牧師の家に寄宿していたのと違い、ランメン家はそれほど宗教色の強い家庭ではなかったし、ランメン家も梅子にキリスト教を勧めることのなかったことを既に述べた。

梅子自身の発想による改宗であった。多分、通う学校の級友の多くから刺激を受けたのであろうし、アメリカ社会で生きていくにはキリスト教信者になるのが自然な行為と思ったのであろう。繰り返すが、梅子の父母である仙と初子も翌々年の1875（明治8）年に洗礼を受けた。親子ともどもキリスト教信者になることが運命づけられていたのである。

帰国後の梅子

梅子は捨松と一緒にアメリカを離れて日本に帰国することとなった。ランメン夫妻はワシントンDCからシカゴまで見送るのであった。しかも梅子がワシントン時代に購入した書物、日本からの手紙などをまとめて日本に送る手配をしたし、日本に帰ったらピアノの購入も困難だろうと、ピアノまで荷造りするほどだった。これらの厚遇を知るにつけ、改めて、ランメン夫妻と梅子が第2の親・娘の親しい関係にあったことがよくわかる。ランメン夫妻には、実の子どもがいなかったので、10年も一緒に住んだ梅子を、実の子どものように可愛がったのは自然なことであった。

1882（明治15）年の11月、梅子はサンフランシスコから横浜に到着し、東京の麻布にいた仙・初子と他の弟妹と住むことになったのである。およそ11年振りの日本での生活であるが、梅子を困らせたのは日本語をほぼ忘れていた言語の問題であった。家族間の会話は父の仙と妹の琴子（海岸女学校〔青山学院の前身〕で修学中）が通訳に入るという姿であった。

梅子をもっと困らせたのは、17、18歳になっていたのにすることのない生活であった。父・仙は当時の男性としては開明派であったが、しょせんは武士の育ちであり、梅子が職を見つけて仕事に就くというようなことを望まなかったし、本音は早く結婚して家庭人として落ち着いてほしいと期待したと思われる。そんな梅子に転機が訪れた。1883（明治16）年の11月3日の天長節に、井上馨外務卿（外務大臣のこと）の家で催された夜会に梅子が招かれたのである。そこで当時の重臣・伊藤博文に出会った。岩倉使節団の副使であった伊藤と梅子は、横浜からワシントンDCまでは一緒に同行したのであり、顔見知りのはずであった。10数年後の再会なので梅子は伊藤を思い出せなかったが、伊藤は梅子の英語力をいたく気に入った。2、3日後に仙のところに伊藤からの連絡があり、妻や娘の通訳をしたり、英語を家で教えてほしいので、娘の梅子を伊藤家に招き入れたいとの依頼であった。梅子はこれを受け入れたのである。

第3章　アメリカの大学へ留学する

日本での悶々とした生活

こうして帰国後の梅子は、伊藤博文（後の初代内閣総理大臣）の家に寄宿しながら伊藤の娘へ英語を教える家庭教師となった。同時に華族女学校（後の学習院女学校）での英語教師をしていたので、経済生活上の問題はなかった。

ここで華族女学校のことを一言述べておこう。後の学習院女子大学になる学校なので、上流階級の女子が入学する学校であった。教職員はおよそ三〇名で生徒数はそう多くなく、少人数教育を施していた。生徒は和服と洋服のどちらを着用していてもよかった。梅子はここで当然のことながら英語を教えたが、生徒の性格は上流階級らしくしとやかでやさしい人が多かった。しかし、さほど学業に熱心ではなく、梅子は物足りなさを感じていた。この学校で教えながら、もっと学問好きで授業を受けることに熱心な生徒の集まる学校を自分で創設したいと思うようになったのかもしれない。

華族女学校に関しては、この学校で短い期間ではあったが英語を教えたアリス・

ベーコンのことを記しておく必要がある。彼女について詳しいことは後に述べるが、梅子ととても親しい間柄だったし、後の女子英学塾でも教えるのでここで登場してもらう。華族女学校は、アメリカ人で英語を教える教師を探していたが、捨松の通ったヴァッサー（女子）大学での同級生でもあるアリス・ベーコンに梅子・捨松の二人が白羽の矢を立てて、アリスに華族女学校で英語を教えないかと誘ったのである。アリスは1年間の約束でこの学校に来ることを承諾し、１８８８（明治21）年の6月に来日した。梅子とアリスはある外交官の留守宅を二人で借りて、共同生活を始める。幸か不幸か二人は独身だったのでそれが可能であった。二人は華族女学校の英語教員という共通の職業人であったし、アリスにとっても日本の文化を知り、それを学ぶ目的を達成できるのであった。

現にアリスは滞日中に『A Japanese Interior（日本の内側）』（Houghton, Mifflin and Co.1893, 翻訳は『華族女学校教師の見た明治日本の内側』として久野明子訳、中央公論社、1994）を執筆しはじめ、後に出版されている。

こうして梅子とアリスは共同生活を通じて姉妹のように仲が良くなったし、人生上のことでも悩みを語ることができるようになったのである。

ここからは筆者の想像であるが、アリスが書物を書くほどの教養人であることを梅子は認識し、それも彼女が大学で勉強したことによる成果であると悟ったのではないか。梅子は、自分がまだ大学教育を受けていないことを再認識し、自分も大学で学びたいと強力に思うようになったのが、アリスとの共同生活であった可能性が高い。現に梅子は、後になってアリスにそのことを相談するし、アリスも梅子に大学進学を勧めるのであった。アリス30歳、梅子24歳のことであった。梅子にとっては日本語が弱いので、留学先はアメリカの大学しか選択肢はなかった。

しかも伊藤家に寄留したり、華族女学校で教えたりしたので、当時の指導者や上流階級の人々と接する機会も多く、経済的には何不自由ない生活をしていた。同時に若い年代の女性として、結婚話もちらちら持ち込まれてもいた。

誰から見ても、梅子の生活はかなり裕福なものだし、不満もなく暮らしているのではないかと想像できる。しかもアメリカで習得した母国語並みの英語の知識を活かして、英語を教える生活というのにも魅力を感じ始めていただろうと予想される。

ところが、梅子の心の内面では何か満たされない、悶々としたものがあった。このままの人生を続けてよいのか、という若者に特有の葛藤があったのである。

これから逃れる一つの道は、当時の日本女性のほとんどがコミットしていた結婚をして家庭に入り、子どもを生んでから夫と子どもに尽くす専業主婦になることであった。特に梅子のような上流階級にいる女性にとっては、自然な選択であった。アメリカにともに行った親友の捨松や繁子もその道を選択していたし、彼女たちからもそれが勧められていた。結婚相手の紹介の労も取っていたのである。もっとも捨松は、それこそ上流階級の夫（大山巌）に嫁いで専業主婦であったが、繁子は音楽教師という職業婦人の顔を持つという違いはあったが、最終的には梅子は一人で再渡米を決断する。

ここで梅子の心の中を筆者なりに探ってみたい。これらは梅子に関する書物や自伝を検討した上での筆者なりの推察と判断に基づいての記述である。従って邪推もあるかもしれないので、批判を覚悟の上である。

まずは梅子が結婚に関して、どういう意見を持っていたかの一端を、古木（1992）

から知ることができるので、それをここで述べておこう。

留学組の同窓である繁子と捨松は梅子に結婚を勧めるし、帰国後に文通を続けていたアメリカのランメン夫妻も梅子に結婚を勧めていた。父の仙は、あからさまに梅子に対して「結婚せよ」とは勧めてなかったが、士族だけに地位のあるしかるべき男性と結婚してほしい、と秘かに願っていたに違いない。

梅子の本心は古木（1992）の強調するように、「愛なき結婚」をしたくない、というものであった。上流階級に属する女性やごく普通の女性であれば、たとえ愛情がなくとも地位と財産のある男性と結婚することはあってもよいが、自分（梅子）は少なくとも一人で生きていけるだけの仕事（英語教師）に就くことができるし、将来的には教育者になりたい夢を持ち始めていたので、必ずしも結婚に走る必要はない、と感じるようになっていた。そして、アメリカ留学を希望したのである。なぜアメリカ留学なのか。

第1に、これはどの文献にも記してあることだが、梅子は一人の英語の教師としてだけの生活ではなく、自分の学校を設立して女性の英語教育を行いたいとの希望を持っていた。そのためには英語を学問として学びたいので、高等教育を受けたいという希望が強かった。

第2に、親友の捨松も繁子もアメリカの大学で学んでいるので、自分もアメリカの高等教育を受けてみたいとの希望があった。これを二人へのライバル心と称せば言い過ぎであろう。梅子は7歳で渡米したので、留学期間中に大学に進学できる年齢に達していなかったのであり、大学に進学しなかったのは至極当然である。

第3に、梅子が日頃男性を見ながらの実感として、結婚生活にさほどの魅力を感じていなかった。若いときに接した男性の一人や二人に、憧れの情（後に登場するアメリカ帰りでハンサムな学者の神田乃武など）を持ったことはあるが、結局はいくつかの求婚を断っている。愛を抱ける男性に出会えなかった。

第4に、想像になるが、伊藤博文の家に寄宿しているとき、伊藤などのエリート政界・財界人が妻を持ちながらも妾を何人か持つとか、夜は風俗界に出入りしている姿に接して、潔癖症の梅子は、男性不信の情が他の女性よりも強かった。これはアメリカにおける男女関係、夫婦関係を直接見た梅子ならではの気持ちであった。

第5に、アメリカを再訪してからのことであるが、後に紹介するブリンマー大学(Bryn Mawr College)教授(後の学長)のケアリ・トマスが独身で活躍している姿を見ながら、こういう生活も女性にはあると知り、ますます独身でキャリアを全うする生活が自分にはふさわしいと思うようになった。再渡米前の梅子はトマスを知らなかったので、こういう人生への確信はまだなかったが、既にその決意は多少芽生えていた。

以上、いくつかの理由を添えて、なぜ梅子が一人で25歳になってからアメリカの大学に留学するようになったかを述べたが、最大の理由は、高い学問を修めて女子の高等教育を行う学校をつくるためだったのである。副次的には思いを寄せることのできる男性に遭遇できなかったか、男性に多少の不信の思いもあったからであろう。

ブリンマー大学(Bryn Mawr College)

梅子がなぜ、日本の大学を希望せず、アメリカの大学を希望したかを一言述べておく必要がある。

第1に、アメリカに幼少の頃から10年余りも滞在すれば、日本語よりも英語が母国語並にこなせるようになるのは自然であり、英語を使用するアメリカを目指すのは至極当然である。

第2に、日本の高等教育は1877（明治10）年に東京大学が既に設立されていたので、日本の大学を目指すのも可能であったが、当時はまだ大学への女性の進学は認められていなかった。日本で最初に女性の大学入学が認められたのは、1913（大正2）年の東北帝国大学だったので、梅子にはまだそれが不可能であった。

アメリカ留学に際しての課題は、まずは留学費用の準備であった。これには華族女学校が2年間の給料を支給するという好意的な配慮をしてくれた。ここでは華族女学校の校長であった西村茂樹の配慮が働いた。西村が梅子の父と明六社の同志であったことも役立ったと思われる。帰国後に学校の教員として戻ってきたときに、梅子がいっそうの学識を蓄えてくるのに華族女学校が期待したと想像できる。さらに伊藤博文などと交誼のある梅子への支援は、学校のためになるという思いが華族女学校にはあった。

もう一つ重要な経済支援として、ブリンマー大学が学費の免除と寄宿舎の一室を準備するとの寛大なオファーがあった。それには大庭（1990）が詳しく述べているように、ブリンマー大学の初代学長、ジェームズ・ローズの友人であるメアリー・モリス（ウィスター・モリスの妻）の推薦が大きかったとされる。そこには内田（2000）の指摘するように、モリス夫人の信仰するキリスト教新教の一派であるクエーカー教が関係しているのである。モリス夫人のよく知る津田梅子を、クエーカー教徒の設立した大学であるブリンマー大学の初代学長のローズに推薦したので、大学は梅子に格別の配慮を示したのである。

ここでブリンマー大学の設立経緯と大学の特色を知っておこう。それには大学のホームページのみならず、Horowitz（1994）を参考にした。まず知っておくべきことは、この大学は、クエーカー教徒であるジョセフ・テーラーというビジネスマンとして大成功した医者の遺言の中に、女子の高等教育機関を設立すべしとあり、彼の遺産により1885年に創立されたという経緯である。大学のキャンパスはアメリカ建国の地フィラデルフィアの郊外にある。

当時のアメリカは資本主義の隆盛期であり、財を成した富豪が各地（特に東部）で私立大学を創設する機運が強い時代でもあった。この時代よりも昔の17世紀にもハーバード大学などは創設されていたが、19世紀に入ってそれが大いに盛り上がったと理解してよい。この時期の特色として、男子大学（College）と女子大学（Female College）が別建てであり、男女別学が一般的であった。ブリンマー大学も女子大学であり、繰り返すがクエーカー教徒の多い大学であった。

アメリカ東部の大学には、男子校のアイビーリーグ、女子校のセブン・シスターズという名門校がそれぞれのグループを形成していたが、ブリンマー大学はこのセブン・シスターズの一つの学校になったので、名門校の一つとして理解してよい。

しかし戦後の１９６０年代に入ってから、男子大学と女子大学は共学校になったケースが多く、今や女子大学の数はとても少なくなっている。ブリンマー大学はその数少ない女子大学の一つとなっている。学部は今でも女子だけであるが、大学院は１９３１年に男子学生を入学させるようになり、共学となっている。

もう一つの特徴は、こういう男子大学や女子大学を卒業した学生が、ボルティモアのジョンズ・ホプキンス大学やシカゴ大学のような研究を重視する大学院をねらうようになるとともに、学業水準の高い大学との地位を確保することに成功したことだ。

もともとアメリカの大学（College）は教養教育を伝統にしていたのであるが、ブリンマー大学は、高い学問水準を女性にも期待するというユニークな学校であった。有名な卒業生としては、女性として初めてハーバード大学総長になったハンナ・グレイ（Hanna Gray）や女優のキャサリン・ヘップバーン（Katharine Hepburn）など多彩である。

2代目学長ケアリ・トマス(Carey Thomas)

ブリンマー大学の2代目学長のトマスは、梅子との関係が深い。梅子が在学中は一教授にすぎなかったが、梅子が大学を去って日本に帰国してからの１８９４年に同大学の学長となり、１９２２年までの30年間近くも学長職にあったので、ブリンマー大学にとっては重要な女性学長であった。

梅子との直接の関係は、帰国後に梅子が中心になって日本女性をアメリカに留学させるための基金（日本婦人米国奨学金）を創設したとき、トマスは主唱者の一人になっていたことだ。さらに、学長職のときに来日して女子英学塾の校長であった梅子をはじめ、多くの教育者との交流を行っている。そのあたりの事情については高橋（2000b）に詳しい。トマスは、アメリカで最初の共学大学であるコーネル大学で学部教育を終え、ドイツのライプチヒ大学に留学して博士号を取得すべくドイツに行ったが、ライプチヒ大学は女性に博士号を出すのを中断していたので、スイスのチューリッヒ大学で博士号を取得した。

女性として最初の博士号というから驚きである。ついでながら、アメリカ最初の大学院大学であったジョンズ・ホプキンス大学も、一時期、同大学に在籍したトマスに冷淡であったというから、当時の女性が学問を究めるのは欧米でも大変な苦労だったのである。ましてや日本ではもっと困難であったことは言うまでもない。

ブリンマー大学で教授、そして学長職に就いたトマスは、女性に高い学問を授ける努力をして、大学の格を上げるのに貢献した。一昔前のフェミニストとして、女性の地位向上を図るための功績は高く評価してよいものである。

しかし、トマスにも汚点があった。高橋（2000b）でも少し言及されているが、興味があったので彼女の人生を深く調べてみた。それはHorowitz（1994）で詳しく明らかにされていることであるが、ケアリ・トマスは人種差別論者だったのである。

彼女が学長のときには、ユダヤ人や黒人の入学を容認しなかったし、教授としての採用もしなかった。日頃の発言でも、自分の大学ではアングロ・サクソンの伝統を保持する姿勢を貫いたのである。いわば白人優位主義者で、非白人を差別することに躊躇がなかったのである。高橋（2000b）の中でも、トマスの家族宛の私信には、訪日中に見聞した日本人に関して、野蛮な国民であるとの批判に満ちた文章があると引用されている。

19世紀半ばのアメリカでは、リンカーン大統領によってあからさまな黒人差別は禁止されていたが、まだそれはかなり残っていた。さらにキリスト教とユダヤ教との宗教上の対立から、ユダヤ人排斥運動も根強くあったのである。それを大学教育上でも実行したのがトマスだった。これらのことが後になって明るみに出て、ブリンマー大学は過去の学長であったトマスの糾弾を開始することとなった。２０１７年には学長のキム・カシディ（Kim Cassidy）は、トマスを「反人種主義者、反ユダヤ主義者」と断定して、大学の建造物にトマスの名前が付与されているのに対して、彼女の名前を取り除いて改名すると宣言したのである。

実は似たことがごく最近にも発生した。第28代アメリカ大統領であったウッドロー・ウィルソンが、人種差別論者として認定され、プリンストン大学の卒業生で、しかも学長まで務めた人の名が付された、同大学の公共政策大学院の名称であるウィルソン学校の名前が剝奪されたのである。第1次世界大戦を終了させた名外交・平和主義者の名大統領であったが、プリンストン大学の学長時代に黒人の入学を拒否したことが糾弾されたのである。２０２０年のことであった。

トマスに関するもう一つの人生上の論点は、彼女がレズビアンではなかったかということについてである。彼女は生涯を通じて独身であったし、ブリンマー大学に勤めていた時代には、特定の女性と二度にわたって一緒に住んでいたからそのような声が生じた。トマスは、これらの女性との共同生活を「結婚と同様な生活」と自ら述べたので、そのように思われたのである。当時の社会では一組の男女が愛情で結ばれて、一夫一妻制の結婚の中にいるのが大半だった。

これに関する筆者の見解は、そう深刻に詮索しなくてもよいのではなかろうかという判断である。

第1に、戦前から戦後のしばらくの間、若いあるいは中年の男性同士、女性同士が共同で住む習慣は根づいていた。英語で「room mate」という言葉が市民権を得ていたし、そこには同性同士が性的に結びついている状況はほとんどなかった。筆者も、アメリカの大学院時代には男性のアメリカ人同窓生と一緒に住んでいたが、room mate には彼女がいたし、男同士の間には何も性的な関係はなかった。

第2に、今の時代になると「LGBT」という言葉が流布して、レズビアン、ゲイ、バイセクシュアル、トランスジェンダーは人間の自由な生き方なので、あえて排除すべき人間関係ではないとの意識が高まっている。今でも男女間の愛情、結婚がかなりの多数派であるが、こういう性的少数派の人権を認めようという時代になりつつある。従って、真実は、トマスがたとえレズビアンの関係にあったとしても、今になってそのことを指摘する時代ではないと判断できる。

トマスが同性愛者と思われたのは、１９２０年代から30年代なので、当時の男女間の愛情が肝心とする社会規範からすれば起こりうることであり、現代からすると問題にならない話題と解釈できるのである。

ブリンマー大学における津田梅子

１８８９（明治22）年に25歳の梅子は、創設して間もないブリンマー大学に単身で留学に向かった。なぜ、ブリンマー大学を選んだのか。それは、先に述べた留学費用の経済支援が同大学からあったことに加えて、日本の勤務先である華族女学校が給料を払ってくれて、学費の目途がついたからである。さらに、当時としては男子の名門カレッジに勝るとも劣らない高い大学教育をブリンマー大学が女性に与えていたからであった。

梅子は寄宿舎に入って、それこそ朝から晩まで勉強に励んだ熱心な留学生であった。子どもの頃に10年間もアメリカにいたし、帰国後の日本ではむしろ日本語に苦労したとされるので、ブリンマー大学での英語の授業とか討論には、ほとんど問題がなかったと判断できる。

先ほど紹介したケアリ・トマスは梅子が留学したときは学部長（Dean）の地位にいて、学内では管理職に就いていた。初代学長だったローズの後を継いで学長になったのは1894（明治27）年であった。梅子がブリンマー大学を卒業して帰国したのが1892（明治25）年であるから、トマスと梅子の間は学部長と学生という間柄であった。しかし、日本からの当時としてはとても珍しい留学生だったので、一学生としての付き合い以上のものはあった。現に、後になってトマスは日本を訪問して、梅子をはじめ日本の教育者と交流を持ったし、日本での基金集めに協力もしているので、親密さがわかる。

梅子は当時のリベラル・アーツ・カレッジの特徴である専攻科目に限定しないという方針に従い、一般的な教養科目と英語教育法などを学んでいた。将来、日本で英語を教える女子高等教育機関をつくりたいという夢を、留学前から持ち始めていたので、英語の実力をいっそう高めたい思いはあった。

それに加えて、父である津田仙が農学、生物学への関心が強かったので、父親のDNAを引き継いで、ブリンマー大学では生物学も勉強していた。生物学のモーガン教授とカエルの卵に関する共同論文も発表しており、将来は生物学の専門家になる道も開かれていたが、それをしなかったことが大庭（1990）と亀田（2000）に書かれている。よく調べてみると、なんとモーガンは１９３３年にノーベル賞を受賞した人物なので、優れた学者であるとともに梅子の学力を評価したのであるから、梅子の実力は確かであったろう。

学者の道に進むには、これから数年間は大学院に進んでPh.D（博士号）を取得せねばならず、学費のことを考えたらそれはリスクだし、本人は英語教授として英学校づくりへの夢があったので、生物学の道を進まなかったと解釈しておこう。

学部長だったトマスが、梅子の生物学の研究を続けなかったことを「梅子の恩知らず」と怒ったとされており、トマスと梅子は、この時から肌が合わなかったかもしれないことを彷彿させる。

もう一人重要な人物に、梅子はこの頃に知り合った。それはアナ・ハーツホンである。彼女は後になって梅子の創設した女子英学塾で教授として、お互いに刺激し合いながら助け合った人物である。

ハーツホンの父親は熱心なクエーカー教徒で医者という身分であり、ブリンマー大学の創設にもかなり関与しており、その関係で、その娘アナはブリンマー大学には入学しなかったが、大学に出入りしていて梅子とも交流を持った。この二人については後に詳しく言及する。

ハーツホンに関しては、一年間、彼女が日本の華族女学校で英語を教え、かつ東京で梅子と同居をしたので大変親しい仲になっていた。ハーツホンがアメリカに戻ったとき、彼女の滞日経験を基にして『日本の女性（Japanese Girls and Women）』を執筆し始めたので、梅子はハンプトンにある彼女の自宅に寝泊まりして、執筆の助けをしたのである。この執筆の助けをしながら、梅子は日本の女性の教育がいかに貧弱であるかを再認識し、自分が女子教育に携わらねばならないことを悟るのであった。

モリス夫人の基金

ブリンマー大学で実り多い留学生活を送っていた梅子であったが、自分がこうしてアメリカで勉学できるのは、ブリンマー大学が破格の取り扱いをしてくれたと思い、これからアメリカに来たいと希望する日本の若い女性に対して、支援活動ができないかを考え始めていた。女性への教育が日本ではとても遅れている事実をよく知る梅子だけに、その思いは強かった。その思いをモリス夫人（メアリー）に打ち明け、彼女はそれに応じて日本女性の留学資金の収集活動に乗り出したのである。モリス家のことについては内田（2000）に詳しい。

熱心なクエーカー教徒であり、しかも大富豪であったモリス夫妻は日本に行ったこともある親日家であった。恐らくキリスト教的博愛主義に立脚して、モリス夫妻は梅子の希望を受け入れ奨学基金の創設に協力するようになり、その会長をメアリー・モリスが務めた。募金委員会の名簿には、ワシントンＤＣでの第２の母親・ランメン夫人、既に述べたケアリ・トマス、アナ・ハーツホンなどもあった。

モリス家の邸宅には訪問者名簿というのがあって、そこに日本人の芳名簿があり、内田（2000）には次のような名前の記載があった。内村鑑三、新渡戸稲造、新島襄、野口英世、有島武郎、津田梅子などである。

これらの人物の名前を知ると、キリスト教信者であったとすぐに気づく。内村、新渡戸、有島は札幌農学校で学んでからのアメリカ留学、新島はアマースト大学で学んでから同志社大学を創設、野口もアメリカで医学に従事した。

明治時代にアメリカに渡った梅子を含めた知識人は多くがキリスト教信者だったのであり、これらの人にアメリカ人で敬虔な信者は、好意を持って接する気があったと想像できる。モリス夫人の奨学金基金運動もきっとキリスト教的博愛主義が動機の一つであったと思われる。

もう一つ忘れてならない点は、移民の国アメリカは寄付行為がごく自然に文化として根づいていることである。特に富豪はこの意識が強く、自分で稼いだお金を社会に還元したいと行動する。アメリカの私立大学の多くは富豪の寄付で開校しているし、奨学金制度も充実し、病院なども寄付が多い。ごく最近では、実業家でニューヨーク市長だったマイケル・ブルームバーグは母校ジョンズ・ホプキンス大学に、教育機関へとしては史上最高額の18億ドル（約2030億円）の寄付をしたほどである。

以上をまとめると、モリス夫人による日本人女性への奨学基金は、キリスト教が影響力を非常に持っていた時代の産物であり、さらに寄付大国のアメリカという特色が色濃く反映したものであった。

この奨学金制度は、第2次世界大戦後の1970年代まで続いた。内田（2000）には歴代で二五名の利用者名と留学先、専攻、現職などが紹介されている。ブリンマー大学に留学した女性や津田塾関係者が多いことがわかるが、設立の経緯からしてこれは非難できない。例えば、フルブライト奨学基金などと比較すると、モリス基金の規模ははるかに小さいが、小さいながらも国際交流に寄与した姿を梅子の存在を通じて知ることができた。

第4章　帰国後の梅子と津田英学塾

帰国後の8年間

1892（明治25）年8月、梅子はおよそ3年間のアメリカ滞在を終えて帰国した。28歳の年齢に達していた。当初は2年のブリンマー大学への留学予定であったが、学士の資格を得るために1年間の延長をしたのである。

ますます英語・英文学の実力は高まり、キリスト教への帰依も深まった。帰国後は、従来の勤め先である華族女学校で英語を教える仕事を再開。本職の華族女学校のみならず、普連土女学校、明治女学校、女子高等師範学校などでも非常勤で英語を教えた。

普連土女学校は、父親の仙も開校に関与した学校で、クエーカー教徒の学校なので既に紹介したアナ・ハーツホンが来日して教えていた。明治女学校は、父親の仙の学校であった学農社農学校の卒業生である巌本善治が校長になっていて、キリスト教の女学校でもあった。これらの学校のことを書くと、梅子の父・仙との、父娘の密な関係を知ることができる。明治学院出身の島崎藤村も、しばらく明治女学校で教えていた。女子高等師範学校（後の東京女子高等師範学校、お茶の水女子大学）は官立の第1号女子専門学校であった。

いろいろな女学校で、英語を教えることが梅子の主たる生活であったが、この時期に特徴的なことは、得意な英語を活かして論文を書いて世界に発信することに努めたことにある。それは英文による学術論文というよりも、日本や女性のことを世界の人に知ってもらうという啓蒙的な色彩を帯びていた。

例えば、アメリカの『インディペンデント』誌には、「Japanese Women and The War」といったタイトルで、日清戦争を経験していた日本において、日本人女性がいかに愛国心を持って戦っている男性兵士と国家を助けているか、といった精神の讃美をする一文がある。さらに日本の『Woman's Department』という雑誌において、日本人の愛国心の深さを讃えた。この愛国心は、キリスト教的博愛に似たものであるとして、日本人がもっと愛国心を持つようになるには、キリスト教に日本人がもっと親しみを感じるのがよい、あるいは信者になるのがよい、と主張したのである。

日本が中国や朝鮮を侵略し植民地化せんとして、帝国主義の側面のあったことには眼をつぶって、愛国心を強調する姿を主張する梅子は多少残念である。しかし、キリスト教信者らしく愛国心を訴える姿は、世界のキリスト教信者から共感を得ただろう、と想像できる。英語での発信が世界に梅子の存在を知らしめたのである。

1898(明治31)年5月にアメリカのコロラド州・デンヴァーで万国婦人連合大会が開催されたが、日本婦人代表として梅子が選ばれ、同じ華族女学校でフランス語教師だった石井(後に渡辺)筆子と二人で出席した。筆子は、長い間ヨーロッパに留学経験があり、女子教育に尽くした人である。その後、静修女学校の校長となった。静修女学校は後に梅子の女子英学塾と合併する。梅子とは縁の深い女性である。

ところで、デンヴァーにおける梅子の演説では、日本女性の教育水準はいずれ高まり、女性の活躍する時代が来るだろうと説いたのである。梅子はデンヴァーを離れてワシントンDCに向かい、ランメン夫人と7年振りに再会した。72歳になっていた彼女は夫を失い独り身でいたし、年老いた姿を見て梅子は彼女のことが心配になった。アメリカにいるときの梅子に、イギリス行きの招待状が届き、11月にワシントンDCを離れ約半年間のヨーロッパ滞在をした後に再びアメリカに戻っている。

ここで、梅子のイギリスを中心にしたヨーロッパ旅行を総括しておこう。イギリスからの招待は、イギリスの著名な女性一八名の連名でなされたものである。ただし渡英費用の負担はイギリス側ではなく、大隈重信の推薦があったため日本政府側がした。既に英語でいろいろなところで文章を載せたり、あるいは講演活動をしていた梅子の名前は、外国で知られた人物になっていた。梅子のイギリス行きは古木（1992）に詳しいので、それを要約する。

イギリス滞在は約半年であるが、大学や師範学校の訪問、教会の訪問といったことが主であり、そこでイギリスの大学の教育と運営がどのようになされているかの視察であった。教会に関しては、ヨーク大聖堂と大僧正邸を訪れてマクリーガン大僧正との対話を行っている。日本からの一市民がこのような高僧に面会するのは困難であろうが、キリスト教信者になっていた梅子にとっては可能なことであった。

どのような学校を訪れたかといえば、ケンブリッジ大学、オックスフォード大学などであった。オックスフォード大学のセント・ヒルダス・カレッジでは約2ヶ月滞在し、そこで文学、歴史、倫理学の講義にも参加して、イギリスの大学における教育を実地に経験している。オックスフォード大学、ケンブリッジ大学ではカレッジの校長などとも面談して、教育のことについて懇談している。

なお、女子のパブリック・スクールの一つであるチェルトナム・カレッジを訪問して、10日間滞在している。この学校を一人で創設して、しかも大きな学校（教員九〇名、学生九〇〇名）に成長させた校長のピール女史との面会にはいたく感銘を受けた。きっと自分もこうした人になりたい、と梅子は感じたに違いない。

オックスフォード大学やケンブリッジ大学には女子学生も入学していたが、まだ少数であり、多くの男子学生の中で女子学生が小さく固まっている姿を梅子は見たのである。梅子の学んだブリンマー大学は女子大学なので、男子の蔭に隠れがちな女子の姿はありえず、女子学生が堂々と学生生活を送っている姿を知っている。しかし、イギリスの大学では女子学生が男子学生の中で苦労している姿を見て、日本でもし大学あるいは専門学校を創設するなら、女子だけの学校にする方が、女子のためには好ましいのではないか、と梅子は思った。

経験した。

１８９９（明治32）年7月にワシントンを発って、日本に帰国するという旅行を経験した。およそ1年余りの渡米・渡欧旅行であった。あわただしいイギリスを主とした渡欧旅行であったが、滞米経験が15年に達する梅子にとっては、ヨーロッパよりもアメリカをより好む、という印象を抱いたのではないか、と梅子のいろいろな文章から推量できる。それはアメリカ人の方が性格的に明るく、しかも誰とでも親しみやすい付き合いをするのに対して、ヨーロッパ人は他人と会ったとき、その人がどういう人物であるかを見極めるところがあるし、簡単に友人になろうとせず、堅苦しい性格である、との違いに触れた文章である。

アメリカに5年、ヨーロッパに5年いた筆者も、この梅子の両者の違いの印象はよくわかる。ヨーロッパには階級社会の名残りがあるが、アメリカは開放社会の感が強いのも確かである。

残念ながら、筆者はヨーロッパ好みの身（なかでもフランス好み）であるが、本書は梅子の本なので、これに関してはこれ以上言及しない。

女子英学塾の創設

第1章で述べたように、明治時代の初頭は、日本にも小学校の教育制度が導入され、男女の生徒が小学校で学んだ。1900(明治33)年にようやく小学校教育が義務となり、それ以前は、女子が小学校に通う率は半分にも満たなかった。女子への中等教育も明治の初めには存在したが、就学率はとても低かった。

それが1899(明治32)年になると、女子にも中等教育の必要性が叫ばれるようになり、「高等女学校令」の定めで高等女学校がようやく制度化された。明治時代の後期には、女子にとっては高等女学校が最高学府であった。ただし明治の初期、1874(明治7)年に女子師範学校が創設されていて、女性で小学校の教員になる人の養成はなされていたので、別の意味での中等教育は女子に与えられていた。

高等教育(高等学校、専門学校、大学)に関しては、1886(明治19)年の「高等師範学校令」によって、高等師範学校の中に女子師範科が設けられて、高等女学校で教える女子の教員養成学校となったので、女子にも初めて高等教育が与えられるようになった。いつの時代でも、女子師範学校を含めて教員の養成場を女子に与えるのが、女子教育における最初の動機であることが興味深い。

１８９０（明治23）年には女子師範科が独立して、女子高等師範学校となり、日本での女子向けの最初の高等教育機関となった。１９０８（明治41）年には奈良にも同様の学校がつくられたので、東京女子高等師範学校（今のお茶の水女子大学）と改名された。通称は東京女高師である。同じ頃に、成瀬仁蔵が日本女子大学校という女子の専門学校をつくろうとして、政財界の支援を得て１９０１（明治34）年には開校に成功した。中等教育レベルでも、各地に公立の高等女学校が相次いで創設され、ミッション・スクールの私学女子校もかなりの数が設立される時代になっていた。

女子の高等教育は官立の東京女高師に任されていた。そのころ、梅子は１９００（明治33）年に私学として女子英学塾を開校することとなった。長い間、胸に抱いていた学校創設を実行に移す時を迎えたのである。設立の経緯をここで辿っておこう。ここからの記述は主として津田英学塾（1941）に依存する。

アメリカでおよそ3年間、ブリンマー大学で生物学、英語学などの教養科目を学んでから、1892（明治25）年に帰国した。生物学の研究者になれたかもしれない道を蹴って、日本で英語の教師を続けたいという希望と、女性に英語を教える高等教育機関を創設したいという希望が日に日に高まっていくのであった。

帰国後の梅子は、華族女学校の教授として俸給は年俸として800円程度だったというから、当時としてはかなり高い収入なので、梅子の経済生活は安定していたと理解してよい。この安定した職業生活を投げ打っての塾の開校は、梅子の女子高等教育への熱意が第1のもっとも重要な理由である。他にも筆者が重要と考える理由を指摘しておこう。

第2に、梅子の周りにいる人々の直接、間接の支援が期待できた。これに関しては、現実には後に述べるように苦労は大きかったが、それを乗り越えることができた。

第3に、同時にアメリカに渡った山川捨松と永井繁子は結婚生活に入っており、独身の梅子はアンビヴァレント（複雑な感情の交錯）な思いにいた。すなわち多少うらやましい感情もあるが、自分は独身を選んでキャリアに生きるという強い気持ちの両方があったと想像できる。36歳の梅子には、後者の感情がより強かったと思うが、逆に言えば、それをやや強引に実行したい気持ちもあったのではないだろうか。

ここで述べておきたいことは、捨松は専業主婦になったが、繁子は仕事と家庭の両方を見事に達成しているので、梅子にもその道を選ぶことは可能であった。なぜそれを選ばなかったのか。それは既に述べたように、性格の潔癖な梅子には、当時の男性への不信が多少あったことが大きい。これは確認できないが、心から愛することのできる男性に巡り合うことができなかった。さらに、女子の高等教育に捧げる人生が、自分にもっともふさわしい生き方と思うようになっていたからである。

第4に、福沢諭吉の開いていた私塾の慶應義塾に見習いたい希望もあったと想像できる。

第5に、帰国後8年間も華族女学校で教えたので、留学費用を出してくれた学校への御礼奉公は終えたと思えただろう。

ここで梅子の女子教育のヴィジョンがどのようなものであったかを振り返っておこう。自分がアメリカの女子大学で教育を受けた経験、イギリスの女子教育を視察した成果、そして帰国してから見る日本の女子教育の姿を記しておきたい。

第1に、明治時代ではどうしても性別役割分担の意識が強かったので、女性が仕事を通じて社会に貢献し、かつ女性が生きがいを感じられるようにする教育のあり方は、まだ成熟していなかった。そのため女子教育は家政学が中心であったし、家政学でないなら教養（それは国文、英文など）を豊かにする教育を施すことがせいぜいだった。梅子は、アメリカで生物学を勉強したが、そのキャリアを追求することを諦めて英語教育に特化していた。梅子の真の目的は女子が英語を教養として学ぶだけでなく、職業として英語を教えることのできる教員の養成にあった。

第2に、第1のことを少し誇張することになるが、経済を男性に依存している日本の女性の生き方にやや不満があって、できれば男性から経済的に自立した女性の養成を目的としたい、という希望が多少なりともあったと想像できる。

こう述べるもう一つの理由は、伊藤博文の家に住んでいた頃から日本の指導者層の男性を見る機会があって、こういう男性が妾を抱え、大酒を飲むといった退廃的な生活を送っている姿に失望したのが梅子であり、男性不信の情が少しあった。換言すれば、男性に翻弄されない女性の育成をしたいと思った可能性がある。

第3に、明治時代の女子教育としては、公立の女学校に加えて外国から来た宣教師を中心にして開校、教育されるミッション・スクールが一つの特徴的な形態であった。例えば、横浜のフェリス女学校、海岸女学校（後の青山女学院）、神戸女学院、同志社女学校などである。キリスト教信者である梅子からするとミッション・スクールの教育には不満があった。そういう学校では、英語教育は不十分であったし、梅子の期待するような一人前の女性に育て上げる英語教育をしていない、という認識が梅子にはあった。

第4に、第3に述べたこととの延長であるが、キリスト教信者である梅子にとって、ミッション・スクールの教育は、自立心の強い女性を育てるような教育をしていないとの判断があった。それは、長い間教えていた華族女学校が保守的な教育しかしていないことへの不満とも連なるところであった。

女子英学塾の設立当初の話題

後に述べるように、梅子はアメリカ女性と日本人の教員の助けを得るようになるが、父親・仙の支援も述べておこう。

彼は、自分の創設した学校（学農社農学校）の閉鎖に追い込まれた経緯があるので、娘が新しい学校を設立するという考えに複雑な思いを抱いたが、結局は賛成した。64歳の仙であったが、ここでも新しい学校をつくるという共通のDNAが二人に流れている姿がある。

父・仙との違いは、彼がかなり大きな学校と農場経営を目指してリスクに挑戦したのに対し、娘・梅子は父よりはるかに慎重であり、大きな学校を目指さなかったことである。せいぜい一学年三〇人ほどの学校であった。この仙と梅子の差は、明治時代においては、男子は大きなことをやる、女子は小さなことしかやらない、という男女差の反映が多少あるとしておこう。

ここで興味ある事実を、仙と梅子に関して古木（1992）に従って述べておく。

一つは、1902（明治35）年、梅子は自分の籍を津田家から独立させたのである。当時の独身の女性が除籍して分家するのは珍しいことであるが、一つの学校の校長であるには、社会的に独立していた方がよいと考えたのである。ついでながら、ここまでは籍のうえでは梅であったが、分家を機に当時女子の名前として普及しつつあった「子」を加えて「梅子」に改名した。なお本書では、便宜上、誕生から死亡まで「梅子」で通して記述している。

二つ目は、梅子が自分の身分を「士族」として登録した点である。1881（明治14）年に父・仙は「士族」から「平民」に改めているのに、である。父・津田仙は育ちが武士であるのにかかわらず、「平民」への変更は開明派を思わせるが、娘は日本の武士道精神に誇りを持っていたのではないか、と解釈しておこう。

西欧には騎士道精神があり、精神的に高貴で勇敢な騎士と日本の武士とは相通じるところがあり、女子の梅子でありながら、日本男子の武士のようにありたいと願ったのかもしれない。

よく知られているが、東京女子大学の初代校長であった新渡戸稲造は、『Bushido』

で、世界中で名を知られた人物であった。戦前の名門女子大学として有名であった女子英学塾と東京女子大学の校長は梅子と新渡戸であり、二人はキリスト教信者であって親しい仲にあったし、新渡戸は梅子に支援を惜しまなかった。武士道が日本の私立女子大学を結びつけていたのも不思議な縁であった。

女子英学塾の設立に話題を戻すと、私塾の開校願いはすぐに認可されて、1900（明治33）年の9月14日に開校の運びとなった。麹町の一番町に、手頃な住宅を借りてのスタートであった。梅子と後に登場するアリス・ベーコンが住む家であったし、寄宿生の部屋と六畳の教室が二つというとても質素な学校であった。

この質素な、住宅のようなみすぼらしい学舎は、しばらくしてから少しは改善した。既に紹介した、モリス夫人らによるフィラデルフィア委員会が梅子の教育事業に支援を行っていたが、その送金があって新しい学舎を元園町に移した。梅子など教員の居室、事務室、食堂、寄宿生室、教場などがあったので、多少よくなったが、まだとても学校という姿ではなかった。

女子英学塾での梅子の教育は、とても厳しいものであったと卒業生の文章に記されている。

例えば、塾第1回生・隈本政枝によると、「私はあのやうに身にしみた授業を受けた事は曽てなく、……、先生は何事も何事もいい加減な事はお嫌ひでありました。……自分で辞書の隅から隅まで探し、適訳を見つけさせました……」と。

週に14時間ほど英語の授業を持ち、英訳、英詩、文法、英作、書き取り、英語教授法などを教えた。授業中は息がつまるほどの緊張が教室に溢れたので、ひと時も息を抜けなかった、というのが受講生の言葉として残っている。一学年の学生数も五〇名ほどに増加し、校舎に手狭感が漂ったので、梅子とアリスは1902（明治35）年に、麹町五番町の英国大使館の裏にあった静修女学校の廃校跡を購入した。このときもアメリカの篤志家の寄付、そしてその後の土地と校舎の増築に際しての資金も寄付に頼った。

こうして何度かの移転を経てから、1903（明治36）年にようやく学校らしい校舎に移ったのである。同時に第1回の卒業生を送り出せたので、学校は順調な道を歩むことができた。

当初は、少数の女学生を入学させてのごく小さな学校であったが、開校式における梅子・塾長の式辞を読むと、次の四つの目的に気がつく。

第1に、英語を主として教えて、国際的な視野を広めた女性を育成したい。

第2に、女性の英語教師を養成したい。

第3に、家庭的な寄宿生活を基本として人格教育を目指したい。

第4に、少人数教育によって、三つの目的を完全に成就できるようにしたい。

梅子の言葉を借りれば、allround women（多方面に優れた女性）の養成が目的である。アメリカのブリンマー大学で学んだ少人数による徹底した教育の経験が、ここで生きていると判断できる。

創設時における女子英学塾は、一人当たり学生の授業料が24円（三〇人の学生なら720円の収入）と、生徒の支払い額だけでは学校経営は不可能であり、梅子をはじめ二、三人の教員は無報酬であった。無報酬で有名な教員はアリス・ベーコンで、後に詳しく紹介する。これらの人の経済生活は他校での非常勤講師代、家庭教師による収入で賄われていた。私立学校経営の苦しさがよくわかる。

学生の出身校を表4－1で見ておこう。キリスト教系のいわゆるミッション・スクール出身の学生が多いのが特徴である。当時の女学校、特に私立校はミッション・スクール校がかなり多かったことの反映である。その多くは英語教育を重視していたが、それほど高い英語力を持って女子英学塾に入学してこなかった。とはいえ塾長の津田梅子もキリスト教信者だったので、親しみを感じたこともあったろう。

表4－1　第一期卒業者出身学校（入学順）

前橋共愛女学校	1人
櫻井女学校	1
築地女子語学校	2
清流女学校	1
北陸女学校	2
関西女子高等学校	1
神戸女学院	1
明治女学校	1
静岡女学校	1
神戸親和女学校	1
横浜共立女学校	1
東京府立第一高等女学校	1
小倉市立高等女学校	1
青山女学院	1
静修女学校	1
香蘭女学校	1
梅花女学校	3
東京女学館	1
神戸松蔭女学校	1
女子学院	1
華族女学校	1

出所：津田英学塾（1941）

ついでながら、女子英学塾は同じキリスト教の学校である東京女子大学よりかは、キリスト教色の薄い学校であった。学生の入学状況に注目すると、創設時の頃は入学志願者のほとんどが入学していたので、入学試験は課せられていたが、実態は無試験に近かった。このことで、すぐにすべての学生の質が低かったとは結論づけられない。むしろ、質には大きなばらつきがあったと理解すべきである。そこで梅子など教員の努力で、学生の学力は入学後に高くなったことを強調しておこう。

もっとも重要な人物アリス・ベーコン

創設時の女子英学塾の教員としては、渡辺光子、鈴木歌子、そして唯一の男性、桜井彦一郎などがいたが、もっとも重要な人物はアリス・ベーコンである。ちなみに渡辺光子は、ベーコンがアメリカで養育した人で、鈴木歌子は華族女学校を経てアメリカ留学を果たした人物である。桜井彦一郎（後の桜井鷗村）は1901（明治34）年から1908（明治41）年まで存在した『英学新報』と『英文新誌』という雑誌の編集をして、多くの英字論文をいろいろな所で出版した。そのときの編集顧問が新渡戸稲造であったし、梅子も自己の英文論稿をこれらの雑誌で発表していた、とオーシロ（2000）に記されている。

アリス・ベーコンを高橋（2000a）に依拠しながら、やや詳しくみておこう。アリスは実は山川捨松との関係がより深い。なぜなら、アメリカでは捨松はベーコン家に長期間寄宿していたし、捨松がヴァッサー大学の寮に滞在中もアリスとコンタクトを取っていた。

ところでアリスと梅子との関係は、アリスが女子英学塾の教員になったときがもっとも密接であるが、梅子がアメリカにいたときから永井繁子も含めて、この四人は親交が深かったのである。

アリスを語るには、父のレオナルド・ベーコンという牧師から始めねばならない。彼は当時の黒人問題と関係して、反奴隷の主張をする人であった。反人種主義、国際主義の立場に立つ人だったので、日本からアメリカに来たアジア人の捨松をはじめとした若い女性に好意的に接し、特に捨松を自宅に寄宿させたほどであった。

ここでは、ベーコン家が捨松を寄宿させた一つの理由として、牧師で子だくさんのレオナルドは貧乏だったので、明治政府の出す寄宿資金の高さの魅力も手伝っていたことを付記しておこう。娘のアリスも父のDNAを受け継いで、同様に日本人とは差別感なく付き合う人になっていたし、日本文化にも興味を覚え、日本に関するいくつかの著書（『明治日本の女たち』『華族女学校教師の見た明治日本の内側』）がある。

アリスは捨松と梅子の招聘により、華族女学校で英語教師として1回目の来日をしたし、2回目は梅子の創設した女子英学塾の教師として来日したのである。その時、塾は資金に乏しく、アリスは無給で教えたことは既に述べた。ついでながらアリスは、そのときの生活資金を女子高等師範学校の教授として教えた賃金に依存したのである。なお、アリスは女子英学塾に2年間勤め、1902（明治35）年に帰国した。アリスは当時の女子高等教育における御三家（華族女学校、女子英学塾、女子高等師範）で教鞭を執った、ユニークでかつ特筆に値するアメリカ人女性だった。

特に梅子との関係でいえば、筆者は次のことを強調したい。それはアリスが生涯独身の英語教師、文化人としてキャリアを全うする女性だったことである。

梅子より6歳年齢が年上のアリスの生き方を、姉のように見ていたので、自分にも彼女のような人生が模範になるとまでは言わないが、参考の一つとしていたのではないだろうか。もう一人のブリンマー大学教授（後に学長）のケアリ・トマス、そしてこれから述べるアナ・ハーツホンも同じく独身を通したキャリア女性だったことを再述しておこう。

アナ・コープ・ハーツホン

アリスに代わって来日したのが、次に紹介するアナである。

アナ・ハーツホンは、女子英学塾の創設時の頃から40年近くにわたって英語の教授として務めた女性である。現在の津田塾大学の本館は「ハーツホン・ホール」と称されるほど、津田塾大学への貢献は大きかった。アナの人生については亀田（2000）から情報を得た。アナの父・ヘンリーは医者であったが、熱心なクエーカー教徒だったので、梅子の留学したブリンマー大学の創設にも関与した。娘のアナは他の大学に進学していたが、ブリンマー大学に出入りしていて、留学中の梅子と会っており、交流はあったとされる。

1893（明治26）年にハーツホン父娘は日本にやってくる。ヘンリーの医学翻訳書『内科摘要（Essential of the Principles and Practice of Medicine）』が日本で話題になっていて、ベストセラーにもなったことにいたく感激して来日したという。なお、そのときに交流のあった梅子の父・仙の家を借りて父娘は住んだ。四人の交流が深まったことは確実である。

さらに、1895（明治28）年にハーツホン父娘は再来日して、長期の滞在を行った。クエーカー教徒らしくキリスト教の布教を熱心にしていたし、アナも日本文化の習得に精を出していた。アナは後（1902年）に、『日本と日本人』という英文書を出版するのである。ところが1897（明治30）年に父・ヘンリーが死亡する。ちなみにヘンリーの墓は青山墓地にある。

娘・アナは自活を始めねばならなくなった。そこで助け船を出したのが梅子であった。当時、梅子が設立を計画していた女子英語学校の英語教員になってほしいと彼女に打ち明けていたという。現に1902（明治35）年、アナは設立されていた女子英学塾の教授となり、熱心に英語教育に取り組んだのである。『津田英学塾四十年史』によると、アナの在職年数は38年と記されており、四十年史に書かれた専任教授の中では最長の勤務年数だったことを強調しておこう。

アナ・ハーツホンは津田梅子と同じく五番町の教師宅に住み込み、二人三脚で女子英学塾の英語教育を担当した。担当科目は英文学、英文学史、英語教授法など英語学の多岐にわたり、しかも自分で教科書を作成したほどである。

ここで特筆すべきことは、アナの女子英学塾での報酬は無報酬であったことと、学校に多額の寄付をしたことである。亀田（2000）はその詳細な事実を述べているが、一つにはアナの実家の裕福さと、もう一つにはアナなどによるアメリカでの募金活動の成功があった。

特に、1923（大正12）年の関東大震災によって塾が火災で焼失したときには、アナはアメリカまで渡って支援のお願い行脚を続けた。そして、アメリカからの寄付と同窓生らの寄付によって、現在の小平市に津田塾大学の校舎が完成し、1932（昭和7）年に移ったのである。この功により、大学本館は「ハーツホン・ホール」と呼ばれている。

女子英学塾の発展と梅子の活動

第1回の卒業生を1903（明治36）年に送り出した頃、学校は大きな発展を遂げた。それは、日本の教育制度が法令によって整備され、学校が公式に認可されるようになっていた中で、女子英学塾が翌年の1904（明治37）年には私塾ではなく、「専門学校令」に則する学校になったからである。高等教育機関のうち、大学の水準には達しない学問を教育する学校で、代表的なものとしては工学、商学、教育、医学、文学などである。国立、私立を問わず数十校が認可されたが、私立の女子専門学校としては、女子英学塾以外に日本女子大学校（現 日本女子大学）、青山女学院英文専門科（現 青山学院大学）も誕生した。

もう一つは、1905（明治38）年に女性の英語教員の資格を無試験で付与する権利を得たことである。それまでは英語を学校で学んでも、教員になるには資格試験を受けなければならなかった。だが、卒業資格だけで教員になれるのであるから、女子英学塾での英語教育の確かさが認められたということになり、学校にとって栄誉なことであった。「英語の女子英学塾」の知名度を上げるのに成功したのである。

「英語の津田」の名門振りを彷彿させる逸話をいくつか付言しておこう。

第1に、当時の女子教育は良妻賢母の養成が第1の目的と考えられていたので、時代の要請に応えるべく1909（明治42）年には家政科が新設されたが、入学者が少なく10年後に廃止されている。当時の日本女子大学校などでは家政科が人気を博していたのであり、女子英学塾では家政科は人気を得なかったのである。

第2に、大正期には新学科として哲学科、商学科などの設置が検討されたが、結局は実現しなかった。「英語の津田」がとても高い評価を得ていたので、これらの学科を新設しても学生の入学数は少ないであろう、と予想したと思われる。

専門学校令による女子英学塾であったが、私塾を創設した頃は、梅子は必ずしもキリスト教の学校であることを明言しなかった。しかし専門学校になってからは、願書に添えた定款にはキリスト教主義の学校であることを明記した。なぜ、以前はキリスト教の学校であることを明言しなかったかといえば、ミッション・スクールであると認識されることを嫌ったのではないか、と解釈しておこう。

では、なぜ専門学校令による学校になったとき、キリスト教の学校であると宣言するようになったのか。それは学校の理事に信者が多かったことと、内外から寄付を受けるとき、キリスト教関係者からの寄金が多かったし、今後もそれが期待できると予想したからであろう。

当時の女子英学塾における研究について一言述べておこう。それは『英学新報(The English Student)』(後には『英文新誌(The Student)』)に示される。内容は英文学評論、英文の文学作品の翻訳と抄訳、英語教育法などであった。発行は、途中に休刊はあったが、通刊102号まで続けられた。そして、1908(明治41)年に廃刊となった。日本における英文学、英語学の発展に寄与したし、女子英学塾と津田梅子の名前を高めるのに一役買ったのは確実であった。

こうして、女子英学塾は順調な発展をみせるようになった。

さらに梅子は、2度の外遊を行う。1回目は1907(明治40)年の1月からほぼ1年間、妹の須藤よな子と二人で、アメリカ、ヨーロッパ(特にイタリア)の旅行に出た。アメリカでは旧知のワシントンDCのランメン夫人、ニューハンプシャーにいたアリス・ベーコンと旧交を温めた。ワシントンDCでは時のテオドール・ルーズヴェルト大統領を表敬訪問しているので、既に、梅子は日本を代表する女性の一人になっていたことを物語っている。

少し話題からは逸れるが、帰国してからすぐに、梅子の父・仙が1908（明治41）年の4月に急死した。キリスト教信者であり、学校の創設と運営という同じDNAを保持していた父の死は当然のことながらショックであった。仙が梅子の学校を直接支援した形跡はないが、娘の学校の発展を蔭ながらよろこんでいたのは確かであった。なお、翌年には母・初子をも失っている。

2度目の外遊は、1913（大正2）年、アメリカで「世界キリスト教学生会議」が開催されたとき、日本キリスト教女子青年会の代表として、同じく青年会の代表の井深梶之助とともに出席することが目的であった。

この会議で梅子は、非キリスト教国の日本におけるキリスト教の役割について講演したが、山崎（1962）はその内容に批判的である。圧倒的に異教徒（すなわち仏教信徒）の多い日本で、日本人の精神面でキリスト教が重要になるとする梅子の講演内容は、確かに甘いとみなされる。当時の日本は国粋主義、軍国主義の高まりがあり、外国の宗教であるキリスト教が好まれなくなっていた時代だったのに、楽観的な見方を述べたのであろう。梅子に関して一つ弁護を述べれば、キリスト教信者がほとんどの会議において悲観的な話はできない、という面があったのであろう。

梅子のもう一つの仕事は、各地で女子英学塾への寄付をお願いすることであり、特に、学校運営に必要な基本金の募金活動に走ったのである。それはかなりの程度成功していた。およそ5万円を集めたので目的は達成した。当時の金額を現在価格に換算すれば、2000万円ほどに達するので、多額の寄付集めであった。

梅子の死とその後

ところで、この間に梅子の生活に変化が生じていた。1917(大正6)年の春から病気がちになり、入退院を繰り返すようになった。病名は糖尿病であった。治療を重ねたが回復はおもわしくなく、1919(大正8)年に塾長を辞したのである。その後、脳溢血の発作などもあり、10年間ほどの闘病生活を続けた末、192

9（昭和4）年の8月16日に64歳で逝去した。

既に述べたように、女子英学塾は小平に新校舎を移す計画で、1932（昭和7）年には移転を終了した。翌年の1933（昭和8）年には校名を津田英学塾と変更した。日本の学校は創設者の名前を冠にした校名を用いる例が多くないが、梅子の死後のことなので、残された人だけで決めた校名への変更が可能であった。「英語の津田」の名声は世にとどろいていたが、それが逆効果を生む事態が発生した。日本は軍国主義に走り、アメリカとの対立が鮮明になる時代であった。

英語は敵国語と認定され、英単語の使用が禁止されたし、学校での英語教育も必修から随意科目になった。特に1941（昭和16）年の日米開戦により、高等女学校における英語は全廃となった。そうなると英語を学びたい学生の数は減少することになり、「英語の津田」が影響を受け入学志願者が激減したのである。

津田英学塾は存続の危機に陥り、二つの手段を講じた。

第1に校名を「津田英学塾」から「津田専門学校」に変更した。英語をできるだけ前面に出さないでいこうとしたのである。

第2に、当時の理科系重視の風潮に乗り、理科（数学科、物理化学科）を新設した。戦時中の新設なので、どれだけ設備や教員などの質が確保されたのか、疑問点は残る。ただしこれは津田英学塾だけのことではなく、戦争の混乱中のことなので、大なり小なりすべての学校に発生したことである。

戦後の1948（昭和23）年に津田塾大学は新制大学として誕生する。本書の中心話題は津田梅子なので、梅子は19年前にすでに亡くなっており、新制大学の津田塾大学に関しては、これ以上言及しない。ただし新制大学の初代学長だった星野あいは、梅子の直接の教え子だったので、彼女のDNAを受け継いでいるので、一言述べておこう。星野については上田（2000）を参照した。

星野あいは、1884（明治17）年の横浜生まれ、群馬県の沼田育ちである。一家全員（父、母、兄弟）がキリスト教信者という特殊な家庭で育ち、本人も当然ながら信者であった。ミッション・スクールのフェリス女学院で学んでから女子英学塾に編入し、1904（明治37）年に同校を卒業した。女子英学塾で梅子やアナ・ハーツホンの薫陶を受けた。きっと優秀な学生だったのだろう。梅子の勧めによって留学生試験（津田梅子とメアリー・モリスが中心になって作った日本婦人米国奨学金）を受けて合格し、師匠の学んだブリンマー大学に留学したのである。

帰国後は、ある意味当然のごとく女子英学塾の教師として赴任した。塾在任中に1年間のサバティカル（大学の教員に与えられる研究休暇）を利用して、コロンビア大学に留学する。そこで教育学のMA（修士号）を取得した。星野あいが塾で教えた教科は英語学、英文学、英語教育法などであった。

病気がちだった梅子は、塾の後継者を星野あいにしたいと心に秘めていた。そのことを知っていた塾長代理の辻マツは塾長就任を断り続けた。1925（大正14）年に星野は塾長代理となり、1929（昭和4）年の梅子の死により星野は塾長となった。その後、新制・津田塾大学の開校まで塾長を務めたし、その後もしばらく学長を続けた。

第5章　山川捨松と永井繁子

一、良妻賢母を貫いた捨松

兄・山川健次郎の活躍

岩倉使節団の一員として12歳前後の山川捨松（幼名はさき）がアメリカに渡ってから1年間ほどはワシントンに滞在したが、その後コネティカット州のニューヘブンという町の牧師であるレオナルド・ベーコンの家に寄宿した。

その前に、捨松の育った山川家のことを知っておく必要がある。会津藩の家老であった山川重固《しげかた》の末の娘がさきであった。藩の重臣の子どもであるさきは、かなり裕福だったと思われるが、会津藩は幕臣として格式の高い松平家だったので、かなり厳格に育てられた。特に男の子（後に述べる山川健次郎、そして長兄の山川大蔵〈後の浩〉）は武士として非常に厳格に育てられた。藩校であった日新館（現福島県立会津高校）は、武道はもとより、儒学、国学などを厳格に教えたのであり、卒業生の藩士は幕府、大名を守るということに熱心であった。

薩長両藩を中心にした政府軍と幕府軍は、１８６８（慶応４）年から１８６９（明治２）年にかけて、大阪、京都をはじめ日本各地で戦った。一連の戦争が戊辰戦争であった。もっとも有名な戦いは京都における鳥羽・伏見の戦いであるが、会津藩でも会津戦争と称される戦いがあった。重臣の山川家は、当然のことながら会津戦争で戦ったのである。有名な白虎隊が会津藩で組織され、ほぼ全員が討ち死にという悲劇もあった。

敗者となった会津藩は藩の石高が下げられた上に、不毛の下北半島に斗南藩として転地を強いられ、藩の人々は大変な辛苦を味わった。山川家も例外ではなく、長子の大蔵は斗南藩に移ったし、健次郎は越後に逃亡した後に長州藩士の書生となった。本人の能力の高さにより、旧敵藩の藩士に拾われたとまでは言わないが、雇用に役立ったのであろう。健次郎については星（2003）に依存する。

健次郎は１８７１（明治４）年にアメリカに向かい、１年間ほど中等教育を受けてから名門エール大学に入学して、１８７５（明治８）年に卒業する。捨松が岩倉使節団に選ばれたとき、兄の健次郎がアメリカに滞在していたことは、捨松のアメリカ行きの決断の助けになったろう。特に、捨松が滞在したベーコン家はニューヘブンにあり、エール大学もニューヘブンにある大学なので、兄妹は近くにいるという安心感があったのである。さらに後に、捨松が大山巌と結婚する時も、健次郎は長兄の浩とともに山川家を代表して承認した。山川家は旧会津藩、大山家は旧薩摩藩なので、旧敵の藩同士の有力家の結婚話だった。健次郎・捨松の兄妹は人生において助け合ったので、健次郎のことは捨松を語る上で重要なのである。

会津若松城で生死をさまよった敗戦の後、健次郎は敗藩の藩士として不遇の下にいたが、突然、吉報が新政府から舞い込んだ。北海道開拓使の幹部だった黒田清隆（薩摩藩出身）からアメリカ留学の話が届いたのである。

敵藩（会津藩）の出身である健次郎を黒田が見込んだのは、よほど健次郎を有能な人物と判断したからであろう。もう一つの理由は、当時は薩長土肥の藩閥政治の時代だったので、海外留学組にはこれらの藩の出身者が多く、彼等の中には無能で、海外で遊びほうけている者も多く、政府にいる出身藩とは無関係に有能な人を留学生として選ぶ必要性があった。

健次郎は、ニューヘブンの高校で英語に苦労しながらも勉学に励み、エール大学にも進学できた。そこで物理学を勉強した。その頃の日本は富国強兵、殖産興業の国策に入ろうとしており、理科や工学に優れた人物の輩出は大切であったので、健次郎の物理学専攻は正解であった。

１８７２（明治５）年の晩秋に、既にワシントンDCに来ていた捨松が、健次郎のいるニューヘブンに来ることになった。ベーコン家に寄宿するためである。ベーコン家には、梅子の章で既に登場した娘のアリスがいた。５年ぶりに兄妹は異国の地で会うのであった。

健次郎は１８７５（明治８）年にエール大学で物理学の学士号を取得し、卒業した後に帰国して、東京開成学校（後の東京大学）の教授補となってから、東京大学への改編後に教授補となった。当時の東大教授は、高給のお抱え外国人教員が占めており、日本人は教授補がせいぜいであった。しかし、１８７９（明治12）年に健次郎は日本人初の物理学教授に就任する。さらに１８８８（明治21）年、東京帝国大学で理学博士号を取得する。それも東大初の博士号という名誉であった。その後、学問上で大きな貢献をしたし、学内政治力も発揮して、東京帝大総長にまで登りつめた。日本の大学における学問の分野では、押しも押されぬ指導者になっていった。東大以外にも、九州帝大、京都帝大などの総長をも務めたのである。

ヴァッサー・カレッジ（大学）へ入学

捨松は、ニューヘブンの牧師レオナルド・ベーコン家で寄宿生活を4年間送った後、ニューイングランド地方の名門セブン・シスターズの一つであるヴァッサー・カレッジに入学する。

ヴァッサー・カレッジに入学前の捨松は、16歳になって男女共学の公立高校であるヒルハウス校に入学し、19歳で卒業している。高校での生活は自由であり、インテリ家庭の子弟が多いヒルハウス高校は勉学に熱心であったが、それほど窮屈なガリ勉生活ではなかった。近所では友人に恵まれて、おてんば娘の捨松と言われるほどに遊びに興じていた高校生活であった。特に親しかったのはエール大学教授であったホイットニーの娘であるマリアンであり、ほとんど毎日のように勉強と遊びに明け暮れたと久野（1993）に書かれている。

近くに住んでいた兄の健次郎は、妹の捨松が日本語を忘れないようにと、毎週、日本語を彼女に教えていた。健次郎は捨松がアメリカ社会に溶け込み過ぎて、英語しか話せない西洋かぶれの「根なし草」になることを恐れていたし、キリスト教信者になることを危惧していた。しかし、高校の同級生はアメリカ人がほとんどで、寄宿しているベーコン家は牧師の一家であり、健次郎の希望を叶えることはできなかった。捨松はキリスト教信者になり、アメリカの学校、社会にうまく溶け込んだ日本人になっていた。

捨松が高校卒業後に大学進学を考えたとき、既に名門女子大学の誉れが高かったスミス、ウェルズリーといったカレッジも訪れていたが、森有礼在米日本公使の勧めるヴァッサー・カレッジを選択した。ビール製造で財を成したヴァッサー氏が、ニューヨーク市からハドソン河を１００キロメートル北に行ったポーキプシーという小さな町に大学を設立したのである。１８６５年に五〇人の女子大学生でのスタートであった。

捨松は、1878年に永井繁子を含む三八人の学生と共に入学した。当時のアメリカの大学は寮生活に入るのが一般的で、捨松はベーコン家と離れて独り身の寮生活を始めた。しかし、同胞の繁子がいたのできっと心強かったに違いない。

捨松がヴァッサー・カレッジで習得した科目は、フランス語、ドイツ語、ラテン語、歴史、哲学、化学、植物学、数学、物理学、動物学といったように、人文系の教養科目のみならず、特に上級生になってからは自然科学系の科目を多く勉強した。成績はとても良く、二年生のときにはクラス委員長にまで選ばれている。

捨松は学業成績の優秀さのみならず、性格も明るくてかつクラスの中で積極的な言動をするので、人気者でもあった。しかも東洋人というもの珍しさ、加えて美しい容姿を持っていたので、アメリカ人学生の中でも目立った存在であった。特に日本の着物を着てみんなの前でスピーチをする姿は皆の称賛を浴びた。日本に帰国後に「鹿鳴館の華」と称されるようになる素地は、既にアメリカ在住中から芽生えていたのである。

捨松のあでやかな着物姿と、演説の素晴しさは1882（明治15）年6月のヴァッサー・カレッジにおける卒業式で発揮された。三九名の卒業生の中から一〇名の代表の一人として選ばれ、「イギリスの日本に対する外交対策」というテーマで演説をした。美しい着物姿が賞賛され、当日一〇名の卒業生の演説の内、捨松の演説がもっとも卓越したものであった、と地元の新聞で報道されたのである。なんと、捨松の演説が「ニューヨーク・タイムズ」や「シカゴ・トリビューン」という高級紙で報道されたと、久野（1993）に記されているほどである。国内でも「朝日新聞」が報道した。

彼女の演説の論点は、イギリスは日本などのアジア諸国がいち早く文明国家、ないし先進国になれるような外交政策を行っているが、内実は自国が貿易上で有利な利益を得ることができるような政策を取っている、との批判であった。悪く言えば、イギリスは植民地政策を放棄していないとの主張である。アメリカはイギリスからの独立を果たし、外交政策としてはモンロー主義（アメリカは他国を干渉しないが、他国にもアメリカを干渉させない）を採用していたので、アメリカ国民はアメリカの政策を捨松が讃美しているように感じたので、喝采を浴びせたのであろう。

帰国後の苦悩と恋物語

12年間のアメリカ生活を終えて、捨松は梅子と一緒に1882（明治15）年の10月に、帰国の途についた。ヴァッサー・カレッジを卒業後におよそ2ヶ月間、コネティカット州の看護婦養成学校で看護の技能を学んでからの帰国であった。

帰国後の捨松には、残念な仕打ちしか待っていなかった。既に述べたように、梅子には父親の仙を通じて伊藤博文の家で、彼の娘に英語を教えないかとの誘いがあり、梅子はそれに応じて伊藤家に寄宿した。さらにその後、華族女学校の英語教師の道が開かれていた。20歳前後の年齢であった梅子にはそれで十分であったが、25歳に近づいていた捨松の就職探しはより困難であった。なおこの二人は在米中、そして帰国途中の船上で、日本に帰国後は二人で学校を設立して、女子学生に英語やその他の科目を教えようと夢見ていたことを付言しておこう。

文部省は、捨松の就職先をなかなか提供できないでいた。いくつかの理由がある。

第1に、捨松の場合はアメリカの大学で学士の学位を得ているので、それにふさわしい職がなかなかない。梅子の場合は大卒ではなかったので、逆に仕事はみつけやすかった。

第2に、男子でアメリカの大学で学んだ人はエリートとして、それにふさわしい職が日本では容易に与えられたが、当時であれば女子の場合はそれこそ困難であった。

第3に、捨松もそして梅子も日本語より英語がはるかに上手であり、日本語のできないことは不利であった。とはいえ、しばらくして捨松にも一つの仕事が舞い込んだ。それは女子高等師範学校（後の東京女子高等師範学校、お茶の水女子大学）の生物学と生理学の教師の職であった。ヴァッサー・カレッジでは自然科学を学んだ捨松だったので、格好の職であった。だが、英語で教えるわけにもいかず、日本語の弱い捨松は悩んだのである。英語の教員ならまだしも、自然科学を日本人の学生に英語で教える時代ではなく、結局、この職を受けることはできなかった。

悶々としていた捨松に、もう一つの人生上での大きな話題が同じ時期に降りかかっていた。24歳になっていた捨松の恋愛話である。当時の日本であれば、女性の結婚適齢期は10代で、既に捨松はそれをかなり通り越していた。しかし10代と20代初期をアメリカで過ごしたので、アメリカ人の男性と結婚しない限り、それは無理であった。

久野（1993）は恋物語を興奮気味に書いているが、ここではやや冷静に述べておこう。神田乃武は梅子の章でも登場したが、梅子に神田が求婚したものの結婚の意思のない梅子はほとんど無反応であった。ところが、である。多情な神田は捨松にも近寄り、執拗に迫った。

27歳になっていた神田は、アメリカのアマースト大学（同志社大学を創設した新島襄の出た学校）を卒業してから、１８７９（明治12）年に帰国して大学予備校、帝国大学で英語やラテン語を教えていた。後に東京商科大学（現一橋大学）で英語の教授を務めた。海外留学組の一人なので、同じ身分の捨松や梅子とは同じ境遇であり、意気投合しても不思議はなかった。しかも久野（1993）によると神田は男前で、恋の相手、結婚の相手としてふさわしい人物だったのである。

そして、繁子の結婚式で「ベニスの商人」を演じることとなり、捨松と神田はそこで共演者となる。二人は稽古で何度か会うことになった。捨松は神田に恋心を抱き、会っているときはとても楽しく幸せそうな相思相愛のインテリ美男美女のように思えた。しかし、最終的には捨松は神田の求婚を断ったのである。

大山巌との結婚

「ベニスの商人」を演じる頃、もう一つの計画が秘かに進行していた。それは未婚の捨松と、妻を亡くしていた参議・陸軍卿である大山巌とを会わせるという目的であった。ややこしい話であるが、その結婚式の披露宴会場は、繁子の実兄である益田孝の邸宅であった。繁子は益田家の実娘であったが、７歳のとき幕府の軍医である永井久太郎のところに養子に出ていたのである。実兄の益田孝は後に三井物産の社長にもなる大物であった。この会場で大山巌は捨松を見初めたのである。すなわち、捨松の美貌と日本人女性で最初にアメリカの大学を卒業し、英語で見事に対応する知性に、大山がぞっこん惚れこんだのである。

大山巌とは、どのような人物であったのだろうか。それについては巌の子息である柏（1989）の伝記から学んだ。大山巌（1842―1916）は薩摩藩士の次男として生まれ、幕末と明治初期に活躍した藩士の軍人として、頭角を現していた。有名な西郷隆盛と従兄弟の関係にあったので、それが巌の出世に役立ったことは否定できない。しかし、それに加えて本人の軍人としての高い能力・実力が重要であったことを指摘しておきたい。明治新政府の軍における司令官として数々の功績を残した巌であった。

転機は1870（明治3）年に訪れた。フランスに留学することになったのである。前年にアメリカやヨーロッパの軍事を視察して、日本の軍事力、兵器がとても劣っていることを悟り、本格的に軍事学を勉強したいという彼の希望からのフランス行きであった。それを許可するのに、従兄弟の実力者・西郷隆盛の口添えが役立ったのである。だが、フランスには長い間滞在せず、ジュネーヴに滞在しながらフランス語を習得、ヨーロッパにおける軍事状況、兵器の製作、調達法などを学んだ。

フランスの有名な陸軍士官学校であるサンシール校にも視察に訪れている。この学校については橋木（2021）で詳しく紹介されており、かの有名なド・ゴール大統領、日本人であれば秋山好古（司馬遼太郎『坂の上の雲』に登場する秋山兄弟の兄）や東久邇宮稔彦王（戦後の初代首相）が卒業生である。

長期間ヨーロッパに滞在するつもりだった巌に対して、3年後に帰国命令が下った。征韓論を訴える従兄弟の西郷隆盛が斥けられ、東京の新政府を離れて薩摩に戻ってしまった。隆盛を東京に戻したいと願った新政府は、その説得にあたる適役にはヨーロッパにいた従兄弟の巌しかいないと判断したからである。帰薩した隆盛が、現地で不平を持っている元藩士を中心にした反乱軍の頭首になるかもしれないと政府は恐れた。帰国早々、薩摩に向かった巌であったが説得は成功しなかった。後に起こったことは有名な西南戦争であり、巌は政府軍の司令官として鹿児島や熊本で隆盛軍と戦うことになったのである。戦争は西郷隆盛の自決で終了し、政府軍が勝利した。

ここで巌の結婚話が起こり、同じ薩摩藩士だった吉井友実の娘・吉井沢子と1876（明治9）年に夫婦となった。この吉井友実という人物、新政府ではさまざまな役職に就いて重要な仕事をしたが、あまり有名ではない。しかし本書では特筆に値する。なぜならば次の三つの事情がある。

第1に、ヨーロッパに在住中の巌に対して、帰国の説得にあたるためにヨーロッパに渡った。

第2に、巌の人物に惚れ込んで自分の娘を嫁がせたいと思った。

第3に、巌の初婚が娘・沢子の死によって終了したとき、巌の再婚の相手として捨松を考えて自ら行動を起こした。

大胆な行動を取った吉井ではあるが、特に、第3に関して驚きとともにある種の感動をも覚えた。自分の娘・沢子が死亡して、義理の息子が独り身になったとき、彼のために新しい妻を探したからであった。

大山の捨松への思い入れは格別に強く、吉井友実を通じて山川家に捨松との結婚を申し込んだのである。しかし巌は既に40歳を超えていたし、捨松より18歳も年齢が上だった。当然、山川家は驚いた。戊辰戦争の時には、薩摩藩は敵軍であるし、会津戦争では会津藩の兵士・人民は薩摩藩にとことん痛めつけられた記憶がある。しかも大山巌は、会津において兵士として直接大砲などを撃ち込んだ人物でもあった。こういう身の人に会津藩の、特に家老にまでなった山川家の娘を嫁がせないという気持ちが強かったのは自然なことであった。では、捨松はなぜ、再婚で三人の娘を持った巌との結婚に応じたのであろうか。

当初、山川家の跡継ぎであった長兄・浩は拒否反応を示したが、大山巌の強い希望に「もし本人、すなわち捨松がその気になれば」とまで和らぐ気を示したのである。先に論じた、次兄のアメリカ帰りで学者になっていた健次郎の意向がどうであったかは不明であるが、想像するに儒教思想の強かった健次郎は、長兄で山川家の当主になっていた浩の意向に反対せず、彼に従ったのであろう。

そこで捨松の心を筆者なりに探ってみよう。巌はフランス帰りで西洋かぶれになっているので、普通の日本人からすると嫌われる身であるかもしれないが、自分もアメリカで勉強した洋行帰りなので、それほどの違和感を覚えない。西洋への理解と認識は同じと考えてよい。また、家老山川家の娘として育った身としては、相手の職業はできるだけ重要な職に就いているのが好ましいし、それが経済生活の安定なり繁栄をもたらす鍵となると考えていた。陸軍で輝かしい実績を示して既に要職にいる大山巌は、多分もっと出世するとみていたのではないだろうか。そのとき既に参議、陸軍卿、陸軍中将になっていたのである。

こうして、1883（明治16）年11月8日に二人の結婚式が挙行され、約1ヶ月後に新しくでき上がった「鹿鳴館」で披露宴を行ったのである。結婚式の案内状は巌の発案で、フランス語で送られたというから、驚いたのはそれを受け取った日本人であろう。何名が読めたであろうか。

二人には2男2女（一人は流産）の子どもが生まれた。長男・高も軍人（ただし海軍）となったが、永井繁子の子どもと同じ戦艦で航海練習中に事故で死亡した。次男・柏は学者になり、父・巌の伝記を書いており、本書でも参考にした。

鹿鳴館の華とそれ以降

明治新政府は、諸外国との外交をうまく進めるために、外国人を招待する接待の場、宿泊施設を必要としていた。その一つとして鹿鳴館を建設して社交場としたのである。夜会の席で男性は慣れない燕尾服に身を固め、女性は胸を強調しウエストをコルセットで締め付けたドレスで、あでやかに装って、ダンスに興じた。

これまでの羽織・袴、着物しか着ていなかった日本人の男性・女性の滑稽な姿は漫画の対象にすらなった。

フランスとアメリカ帰りの大山巌・捨松夫妻は、、まさに宴を飾るにふさわしいホスト夫妻だった。特に、美貌で洋装の着こなしがうまく、外国語が堪能でダンスもうまく踊る捨松は、「鹿鳴館の華」と呼ばれるのにふさわしいホステス振りであった。当時の国粋主義者からは、「鹿鳴館」は西洋かぶれの愚の骨頂と批判されながらも、当時の政府の幹部はなんとか日本が先進国の仲間入りを果たすようにと、外国要人との交流に努力していたのである。その一翼を担ったのが大山夫妻であった。鹿鳴館時代に夜会や舞踏会で見事なホステス役を果たした捨松は、家庭では三人の連れ子がおり、そして自身の四人の子どもを身ごもり、そのうち三人を育てたのであるから、きっと大変な生活だったと思われる。しかし、良妻賢母をまさに地でいったのであるから、専業主婦にすぎなかったとの批判は正しくない。確かに職には就かなかったが、「鹿鳴館の華」として日本の外交に尽くしたとの解釈はありえよう。

外務卿（外務大臣のこと）であった井上馨によって始まった鹿鳴館の時代は4年間にわたったが、後に再び外務大臣になった彼の辞任によって、1887（明治20）年に終わりを迎えた。

陸軍幹部の夫の妻として、日本外交の一翼を担う鹿鳴館で大活躍した捨松であったが、鹿鳴館の閉鎖とともに比較的静かな軍人の妻、数多くの連れ子と実子の子育てにあたる母親としての多忙な生活に入った。とはいえ、上流階級の大山家の妻なので、家庭内で落ち着く環境ではないし、アメリカの大学を卒業した最初の日本人女性なので、社会的に何かに貢献したいという気持ちが強かった。

ここで、それ以降の捨松の人生を簡単に振り返っておこう。

彼女が在米中、そして日本に帰国してからも、日本人女性として自己の技能を身につけて職に就き、男性だけに頼らない人生を送ろうと考えていたことがある。具体的には、女学校なり高等女学校で英語の教師となって、女子教育を担う一員になりたいという希望もあったが、それは大山巌との結婚によって実現不可能となっていた。しかし、まわりにいる幾人かの女性はそれを成就せんとしていたので、それらの女性を積極的に支援することよって、自己の不憫さを和らげようとしたのである。

その一つの代表例は、岩倉使節団の一員として留学した女子仲間の津田梅子が、女子英学塾を発足させようとしていた努力への支援である。女子英学塾の設立過程については津田の章で紹介したので、ここで再述しない。捨松の支援がどのようなものであったかだけを述べておこう。

第1は、顧問という職に就いて学校経営を間接的に助けた。

第2に、捨松のニューヘブン時代の寄宿先での親友であるアリス・ベーコンに熱烈な手紙を送って、女子英学塾の教員になってほしいと依頼している。アリス・ベーコンは既に日本にやってきたことがあり、捨松の勧めで女子高等師範学校（現お茶の水女子大学）の英語教師をしばらく務めた後、アメリカに戻っていたのである。

このアリスが女子高等師範学校に来るに際しては、捨松の兄である山川健次郎がアメリカにいるときの同胞、高嶺秀夫が女高師の校長だったので、健次郎と秀夫の関係がアリスの就職に役立ったのである。ついでながら、健次郎と秀夫は旧会津藩の藩校・日新館の同級生という間柄で、それも役立ったのではないか、と久野（1993）から推測できる。もとより帰米後のアリス・ベーコンに対しては、津田梅子がアメリカを訪れてアリスに直接会い、自分がこれから創設しようとしている女子英学塾の教員になってほしい、と依頼しているのである。

アリスは、日本の女性に関する書物の出版を抱えていたので、日本への関心は強く、ついに再来日を決意したのである。捨松41歳、梅子37歳、アリス42歳という友情の帰結だった。女子英学塾を開設した1年後であった。捨松の梅子へのもう一つの支援は、自分の卒業したヴァッサー・カレッジの同窓生に手紙を送って、日本女性の英語教育支援のために寄付のお願いをしたことだ。卒業後もう20年近くも過ぎているのに、同窓生から集まった寄付の額は多くないものの、当時のアメリカにおける高等教育を受けた女性の結びつきの強さを知ることができる。

夫・巌と捨松の最期

最後に、夫・巌と捨松のその後の人生を素描しておこう。

戊辰戦争、西南戦争などで砲兵隊長、司令官として数々の武勲を挙げた大山巌は、日清戦争（１８９４〔明治27〕年―１８９５〔明治28〕年）では陸軍大将にまで昇進していた。この戦争の勝利に貢献した大山は、軍人として栄達を極めた。日本は朝鮮の支配権まで得たのである。

大山巌は、日清戦争後、半分は引退した気持ちでいたが、１９０４（明治37）年に勃発した日露戦争では元帥・満州軍司令官という陸軍のトップとして、63歳で再び指揮を執ることになった。陸軍の大山、海軍の東郷平八郎という両名の薩摩出身の指揮官が、有名な陸における奉天会戦や、海の日本海海戦で勝利を収めたのである。翌年の１９０５（明治38）年に戦争は終了したが、後のポーツマス条約では日本が期待されたほどの勝利国としての補償を得られなかったので、国民の間では不満が高かったことは有名である。東洋の日本がロシアに勝利して世界を驚かせたが、欧米列強諸国の日本への風当たりも強くなった。

総司令官の妻である捨松のできることは、愛国婦人会や日本赤十字社篤志看護婦人会での活動を通じて救援に従事するしかなかった。あるいは募金や慰問といった活動の先頭に立って、戦争を間接的に支援するのに一生懸命であった。特に夫が軍のトップだけに、その妻は間接的にせよ戦争に関与する必要があったのである。

夫・巌は１９１６（大正５）年に胃病と胆囊炎により75歳で死去し、国葬での葬儀であった。妻・捨松はその３年後の１９１９（大正８）年にスペイン風邪により58歳でこの世を去った。

二、音楽家、妻・母として生きた繁子

兄・益田孝と繁子の幼少期

永井繁子は、１８６１（文久元）年の4月に江戸で生まれた。繁子の人生については生田（2003）、長井（1989）に詳しく書かれていて、それらに基本的に依存する。なお、繁子のアメリカ行きを積極的に先導した兄・孝（益田孝）も重要な人物であるし、実業界での活躍も目立ったので、孝に関しては長井（1989）に即して紹介する。

父・益田鷹之助は、佐渡において経理担当の有能な役人として働いていたが、その実績が認められて幕府に直接雇われ、北海道の箱館（今の函館）奉行所で中間管理職として働くこととなった。一家は箱館に移住したが、まだ繁子は生まれておらず、兄・孝は箱館で12歳に成長していた。この箱館という地が重要で、幕府は諸外国の圧力に屈して横浜、長崎、箱館などを開港しており、箱館にはアメリカ、ロシア、ドイツなどが領事館を開くこととなった。箱館奉行所は自然とこれら領事館と外交や商業上の取引をするようになった。

孝は、この時代に奉行所内で学問に励み、通詞（通訳）である名村五八郎に英語を学ぶようになったのである。才能豊かな上に向学心の強い孝の英語力は進歩した。そのうちに父・鷹之助が江戸に、幕府内の外国奉行支配役として栄転した。息子の孝も江戸に住むようになった。

そこでアメリカ公使館となっていた善福寺に通い、そこでも英語を習い、ついにはアメリカ公使館での通詞見習いとなったのである。だが、孝はまだ14、15歳にすぎなかった。公使のハリスから重宝がられたとされるので、英語力は十分に高くなっていたし、才能の片鱗を示すようになっていたものと想像できる。

孝にヨーロッパ行きの機会が訪れる。幕府は箱館、新潟、横浜、神戸、長崎を正式な貿易港として公認する条約を諸外国と結んでいた。しかし、国内は開国派と攘夷派が鋭く対立していたので、幕府は外国に使節団を派遣して開港延期を頼みにいこうとする無謀なことを計画した。当然、諸外国は開港延期を受け入れそうにもなかったし、現実に交渉は失敗した。とはいえ、この使節団の会計掛として父・鷹之助が随行することとなり、息子の孝も鷹之助の秘書役として同行したのである。

誕生していた繁子は、7歳の時に幕府の軍医・永井玄栄に養子として出された。益田家では、すでに二女を幼くして亡くしており、一人残った繁子を育てる自信がなかったのか、医者の家に養子に出した。

徳川幕府の崩壊により、徳川慶喜が静岡に移ったので、永井家も沼津に移り、繁子は沼津で生活を送った。そこで寺子屋に通い、読み書きなどの初等教育を受けた。そこに岩倉使節団の女子留学生派遣に繁子が選ばれた、という突然の知らせがあった。本人のまったく知らないところで、実兄の孝が独断で応募したのである。英語に強く、かつ欧米の繁栄を知っていた孝は、この機会に妹をアメリカに送って勉強させたいと思ったのである。

当然、9歳前後にしかなっていない繁子の動転振りは想像できるが、生田（2003）は、繁子が永井家の養母の酷な仕打ちから逃れることができる、と喜んだと記している。孝も養母のところから実妹を離してやりたい、と秘かに思っていたことも、留学生の願書提出の一つの理由であったかもしれない。

共同生活とアボット家への寄宿

1871（明治4）年12月に横浜港を一〇七名で出帆した岩倉使節団、特に五名の少女がどういう船旅をしていたのか、繁子の「手記」を基に生田（2003）が紹介しているので、いくつかのエピソードを紹介しておこう。

若者と中高年の男性が大半の中での長い船旅であったが、彼女たちを困らせたのは食事と船酔いだったようだ。食事は洋食がよく出されたので、それに慣れない少女たちは、最初の頃は手をつけなかった。しかし徐々に慣れてくると口に入れるようになった。これから10年余りもアメリカに住むことになる三名は、帰国する頃には洋食でないと口に合わない身になっていたかもしれない。船酔いについては、甘い菓子ばかり食べている少女に対して、甘い菓子は船酔いを助長するとして、書記官の福地源一郎が甘い菓子を全部海に投げ捨ててしまったようである。

なお、福地源一郎なる人物は、幕末に2度もヨーロッパに行っていて、英語とフランス語が話せて、後になって福沢諭吉と並び称され、「福・福時代」と言われたぐらいの人気のある人物であった。ジャーナリストとして新聞社の主筆、社長を経験したし、政治家として活躍した時期もあった。

既に述べたが、ワシントンDCでは当初五名が一軒家で一緒に住んでいた。その家での少女たちの暮らしぶりは、生活の面倒は手伝いの人のお世話になり、週に2回ほど先生が訪れて、英語の勉強をしていたにすぎなかった。なんと多くの時間はピアノ演奏を学んだのである。

なぜ、この節でピアノレッスンのことを書いたかといえば、将来、少女の中でピアノと音楽の教師になるのが繁子だからである。繁子においては、この家でのピアノレッスンが契機になったと考えてよい。

ワシントンDCの共同生活を終えてから、繁子と捨松はそれぞれニューヨーク市の北にあるコネティカット州の二つの町のアメリカ人家庭に寄宿した。捨松は既に述べたようにニューヘブンのベーコン家、繁子はフェアヘブンのアボット家であった。

長井（1989）には、アボット家について繁子の夫・瓜生外吉の談話が掲載されてている。すなわち、アボット家は名門の家庭であり、繁子の寄宿した家の主人ジョン・アボットは歴史家で、彼の著作『ナポレオン一世伝』はベストセラーになったほどだし、ジョンの兄は伝記シリーズを出版していたのである。なお、ジョンは牧師でもあった。アボット家は、敷地に付属の学校（私塾と称した方がよい）を持っていて、繁子はその学校で初等・中等教育水準の教育を受けた。

生田（2003）はアボット校の古い学校案内を調べるという貴重な作業をしており、次のようなことを記している。

校長はジョン・アボットの娘であるエレンが務め、少人数教育のメリットを活かすべく、少数の先生と生徒で構成されており、知的教育のみならず人格教育にも配慮していた。私学なので当然のことながら、なにがしかの授業料を徴収していた。初等科では英語、算数など、高等科で代数、生物、物理、化学、歴史、地理、哲学、フランス語、ドイツ語などの科目を教えていた。

特筆すべきことは、選択科目として声楽があったことで、繁子はこの科目を選択している。

外吉との出会いと結婚

繁子がアボット家に寄宿しているとき、近くのニューヘブンのピットマン家に寄宿していたのが、将来、夫となる瓜生外吉であった。彼はここでメリーランド州のアナポリスにある名門の海軍兵学校への受験準備をしていた。その学校とニューヨーク州のウエストポイントにある陸軍士官学校が、軍人の幹部養成のためのエリート二校である。幸運なことに、アボット家とピットマン家は懇意であり、しかも教会関係での付き合いもあった。それに加えて生田澄江の発見であるが、繁子の通うアボット校には、ピットマン家の娘であるヘレン、エリザベス、レイラも通っており、四人は級友だったのである。

瓜生外吉は、加賀前田藩の支藩である大聖寺藩の瓜生吟弥の次男として生まれ、金沢の藩校である致遠館で学んでから、東京の築地の海軍兵学寮に入学した。当然のことながら海軍の軍人になる希望を持っていたし、英語、理科などに強い優秀な若者であった。キリスト教にも関心を持ち、ついに信者となるのであった。

アボット家と深い交流のあるピットマン家に寄宿し、その娘たちが繁子と同じ学校に通い、しかも共にキリスト教信者になっている二人の日本人の若い男女が出会ってから恋に落ちるのは、ごく自然なことであった。繁子15歳、外吉19歳であった。二人は親密の度を強めていったが、まだ結婚して夫婦になるであろうとは思っていなかったであろう。繁子はアボット校を卒業してから、ヴァッサー・カレッジ（ヴァッサー女子大学）に入学する。山川捨松のところで、この大学については詳しく述べたので、ここでは、繁子に特有なことだけを記すことにする。

第1は、捨松は4年制の普通教育で正規の学生として入学したが、繁子の場合は3年制の芸術教育（音楽と美術）を施す特別な学生として入学している。前者は正規コースの本科と称され、卒業時に学士の称号を取得できるが、後者では特別コース（日本の戦前では選科と称することもあった）とされ、学士の称号を取得できなかった。すなわち繁子がアメリカの大学で学んだ頃は、正規コースが修業4年、特別コースは修業3年なので、学士号の授与はなかったのである。現に、捨松は卒業時に教養学士の称号を受けているが、繁子は音楽学士にはなっていない。

第2に、とはいえ、では普通教育を受ける正規コースの本科と芸術を専攻する特別コースでは、入学時に成績の差があったのかと問われれば、生田（2003）によると、周到に当時の大学便覧を調査し、かつ入学試験の実績まで検証した結果、正規コースと特別コースの間に入学時の選別の方法の違いや、入学生の成績に差はなかったという。

第3に、ではなぜ、繁子が特別コースを選択したのか。それは彼女が音楽に特別の興味と関心を抱くようになっていたから、ということになる。ワシントンDCでのピアノ習練、アボット校における声楽の勉強、といった事実がそれを証明する有力な証拠と思ってよい。

繁子は、ヴァッサー・カレッジによって3年間みっちり音楽教育を受けて一人前の音楽の専門家、あるいは音楽教師になれる実力を備えた。彼女は立派にアメリカの大学で音楽を学んで、卒業生の一人として旅立つ資格を得たのである。やや誇張すれば、学位などはどうでもよかったのであろう。

1881（明治14）年の10月30日に繁子は、およそ10年間の滞米留学を終え、ヴァッサー・カレッジの修了証書（Diploma）を携えて日本に帰国した。満20歳であった。帰国後、実兄・孝の家に住むこととなったが、孝は半強制的に妹をアメリカに送った身なので責任を感じたろうし、益田家では繁子にとっては実の父親のような役割を演じるようになっていた。繁子は独り身だったので、品川御殿山の孝の邸宅に身を寄せた。孝が父親のような役割を演じるようになったのには、彼が経済人として成功し、三井物産の社長にまでなって、裕福な経済生活を送れるようになっていたことも大きいだろう。

独り身だった繁子に結婚話が公式に持ち上がった。瓜生外吉である。既に触れたが、二人はアメリカにいたときから恋愛関係にあり、内々に結婚の約束をしていたのである。ほぼ同時期に日本に帰国してから、まもなくのことであった。

亀田（2000）に興味ある記述が記されている。二人は繁子を養育したフェアヘブンのアボット家の娘、ミス・エレンの紹介で、アメリカで知り合った。『故瓜生繁子記』によると、瓜生は「同氏（瓜生）は頗る優位の人物なれば繁子と結婚せしめては如何」と書いたミス・エレンの益田宛書簡を携えて、益田家を訪れた。「差支えなくば繁子を娶りたし」と、繁子との結婚許可を兄益田孝に求めた。孝が続いて帰国した繁子に、その意向を尋ねたところ「異議なし」とのことで、益田は二人の結婚を許諾した、とのことである。

明治時代の結婚というのは、本人同士よりも両家の意向を重要視したので、このように瓜生家と益田家の間での儀礼的な求婚とその受諾の交換があったのである。ここには外吉の親は出ておらず、本人が求婚するという姿であるが、それを受ける益田家では、父親代わりの兄・孝が代表している。ただし、明治時代であっても本人同士の意向が前面に出ているのは、二人がアメリカで生活した経験により、結婚は本人同士の意向がもっとも重要である、と認識したことがにじみ出ている。

1882（明治15）年の12月1日に二人の結婚式は挙行された。新郎と新婦はキリスト教信者なので、牧師が式を担当した。式自体は簡素であり、出席は少人数のごく近い人だけであった。当然、梅子と捨松も出席していた。外吉のアナポリス海軍兵学校時代の友人である世良田亮が出席していた。梅子の結婚相手には、この世良田がよいのではないかとの声がまわりから起こったという。ところが梅子はそれを断っている。かなり多くの男性から求婚され、あるいは結婚を勧められたが、彼女はそれを全部断っているので、梅子には結婚の意思はほとんどなく、キャリアを一人で全うする気の強かったことは、ここでも理解できる。

結婚披露宴はもう少し派手で、場所は新婦の兄・孝の邸宅で挙行されたので、ここでも孝の重みがわかる。財界の大物・益田孝らしく招待者は外務卿の井上馨夫妻、西郷隆盛の従兄弟・従道、大山巌、海軍中尉である外吉の上司・海軍卿の河村純義らの三〇人であった。ここで「ベニスの商人」が演じられ、大山巌と山川捨松を合わせる目的のあったことは、捨松の節で述べたので、ここでは詳述しない。

音楽教師としてのキャリア

帰国後、どこかで職をみつけて働きたいと希望していた繁子であったが、捨松と同様に困難に遭遇した。日本がまだ技能を持つ女性に適当な職を与えられる時代ではなかったことと、日本語がほとんど話せないことも影響した。しかし、繁子には特殊な技能が備わっていた。それはピアノであった。耳と目と手足の動作で教えることができたのである。とはいえ、明治初めの日本はまだ西洋音楽の歴史が浅く、音楽教師の需要はそう多くなかった。せいぜい小学校で生徒に唱歌を教える人が求められるだけだった。明治新政府は、1875（明治8）年に音楽教師を養成するために、愛知師範学校長であった伊沢修二をはじめ、三名をアメリカの師範学校に送って音楽教育の実際を勉強させたのである。

帰国後、伊沢らは文部省に音楽教師を養成する学校を創設すべきと進言し、文部省はそれを受け入れて音楽取調掛（後の東京音楽学校、東京藝術大学）を1879（明治12）年に設立した。伊沢は掛長（校長）となり、アメリカで知り合った著名な音楽教師ルーサー・メーソンを、日本にお雇い外国人教師として赴任させたのである。明治の初期では、欧米の進んだ学問と技術を日本の学校で教えるため、法学、文学、医学、工学などの専門家をお雇い外国人として高給で招聘していた。音楽もその一分野であったことを知り意外であったが、「和魂洋才」という言葉が日本にはあって、洋楽も洋才の中に含まれると考えれば納得できる。

繁子は、この音楽取調掛に掛員（助教員）として採用されることとなった。ピアノの演奏術に優れていて、かつ日本語の話せないメーソンとの英語での会話を通じてうまく学校を運営する役割もあった。繰り返すが、日本語のほとんどできない繁子であっても、ピアノを生徒に教えることは可能だった。

音楽取調掛での音楽教育は邦楽と洋楽の並存であったが、徐々にではあるが日本での欧化政策の進行に呼応して、洋楽がウエイトを大きく占めるようになった。繁子のピアノ教師としての仕事も順調に進み、有能な教え子を輩出するようになる。例えば、幸田延は有名な作家・幸田露伴の妹で、ピアノとヴァイオリンを学んだ。その後、ウィーンに留学して音楽の技能を磨き、帰国後は母校の教授になったのである。延は梅子と同様に独身を貫いて、音楽教授としての人生を歩んだ。

繁子は、やがて音楽取調掛の教授となり音楽教育に励んでいたが、1886（明治19）年に女子高等師範学校（後の東京女子高等師範学校、お茶の水女子大学）の教授を兼任することとなり、ますます多忙になった。この学校は、女子の高等教育機関としては最高の質を誇り、卒業生の間では女学校の教員になる人がかなり多かったが、他の職業に就く女性もいたし、専業主婦になる人もかなりいた。当然のことながら女高師では音楽と英語を教えたが、音楽学校と女高師の両方からもらう俸給の額は高かった。年俸660円となった。これは当時の女性の俸給としては最高のクラスであった。

なお繁子は、1892（明治25）年に東京音楽学校の教授を辞職して、女高師でのみ教えていた。その後、1902（明治35）年に41歳で女高師の教授も辞して、専業主婦となったのである。なぜ、このように人生を変化させたかについては、後に詳しく記述する。

夫婦生活と懐旧の旅

夫・外吉は海軍の軍人としての職業生活、妻・繁子は東京音楽学校と女子高等師範学校の教授（兼任のときと一方の専任のときがあった）をするという共働きの夫婦であった。明治時代は、日本がまだ経済発展していなかったので多くの家庭が貧乏で、夫と妻の二人が働くことは珍しくはなかった。特に農業や小売業を中心にした商業が主たる産業だったので、夫婦が共に働くのは自然なことであった。だが外吉は海軍の幹部エリート、繁子は高等教育機関の教授だったので、夫婦の俸給を合計すると普通の家庭の家計所得よりも高く、経済的には裕福な一家であった。

もう一つ重要なのは、繁子は立て続けに子どもを出産しており、妊娠、出産、子育ての負担は大きかったことがある。4男3女なので、それは大変な家事、育児の重圧だった。しかも夫婦ともにフルタイムの労働なので、その重圧は倍加した。当時は育児休暇制度などなかった。あえて付言すれば、当時の裕福な家庭は「女中」と称されたお手伝いさんが住み込みでいたので、瓜生夫妻には、かなりの程度その重荷は緩和されていたであろう。

外吉が家を不在にせねばならない事態が発生した。それは、1892(明治25)年9月に外吉がフランス公使館付の武官として、パリに3年間も行くことになったのである。仕事はヨーロッパの軍事情勢の調査、外交交渉における軍事上の立場から外交官へのアドバイスなどである。

アメリカ滞在の経験がある外吉にとっては、打ってつけの任務であった。繁子は東京音楽学校と女高師のうち、東京音楽学校を辞職した。父親のいない家庭なので、母親一人だけの親としての役割を果たしたいと思ったのであろう。女高師の職を続けたのは、音楽と英語を教えることのキャリアを捨てたくないと思ったからである。東京音楽学校の辞職は、生田（2003）の強調するように、自分の教え子である幸田延や遠山甲子が、音楽学校で公認の教師として働ける目処がついたし、音楽教師の養成のみならず、プロの演奏家を養成する役割に少し疲れを感じたかもしれない。

武官や外交官として外国に赴任する男性には妻も同行するのが普通であったし、現在でもそのケースが多い。妻が専業主婦であれば問題なく随行できるが、繁子の場合には、自分の職業があるのでそれが不可能であった。結局、妻は残り、夫はパリへの単身赴任という選択であった。繁子が仕事を投げ出さずに日本に残ったのは、勇気ある決断だったと評価しておこう。家父長制の存在する明治時代において、それを認めた外吉も立派であった。

外吉は３年間のフランス滞在を終えて帰国し、一家はそろって一緒に住めるようになった。海軍勤務の外吉であったが、陸にいることが多かった。とはいえ、１９

02（明治35）年、繁子は女高師の教授の退任を決断した。

なぜ退任したのか。様々な理由が指摘されているが、辞職願には「神経衰弱症」と添付されているので、精神的に堪える力が弱まったのであろう。多くの子どもの出産と育児、それに家事、子どもの教育、そして本人の学校での教育という仕事の重圧が大きくのしかかり、体と精神が痛めつけられたのである。以後の繁子は、子どもの教育や、妻としての家庭のことに集中するようになった。

繁子が専業主婦になってから、若い時に二人が勉学に励んだアメリカへの旅行が2度あった。詳しくは亀田（2000）と生田（2003）で紹介されている。外吉が海軍中将になっていた1909（明治42）年と、大将になっていた1915（大正4）年であり、2度とも妻・繁子を同伴した。さすが留学生だった二人である。

最初の旅は、外吉のアメリカでの軍事教育の視察が目的であったが、外吉は母校のアナポリス海軍兵学校、繁子はヴァッサー・カレッジを訪問するという、懐旧の旅も兼ねていた。アナポリスでは、アメリカ人の同窓生が二人を歓迎して、特に小国・日本が大国・ロシアを日本海海戦で撃破したことへの祝いの言葉で満ちていた。

アメリカの卒業生は、アメリカで戦争がなく、海軍の出番がなかったところで、日本海軍の活躍に目を見張ったのである。しかも外吉が司令官の一人として勝利に貢献したことへの賞賛であった。ニューヨークでの海軍兵学校「１８８１年度クラス会」での晩餐会では、タフト大統領が出席して日本の天皇と国民を称えて「万歳」と叫んだという。夫妻は繁子の母校、ヴァッサー・カレッジの卒業式にも出席した。天皇からの鈴杯《ぎんさかずき》（銀製または銀メッキの杯で、勲章の代わりになる賞）が繁子を通じて大学に贈られたのである。もともと天皇が、繁子の女子教育界に貢献してきたことを評価して繁子に授けたものだったが、天皇自らがそれをヴァッサー・カレッジに寄贈したらどうか、と指示したことによるものだった。

こうして二人は、それぞれの母校を訪れて、同窓生と旧交を深めるという懐旧の旅を満喫したのである。２回目のアメリカ旅行は、パナマ運河開通を記念したサンフランシスコ万国博覧会に外吉が日本政府代表の副総裁としての参加であった。これは公務としての旅行なので、前回の旅よりかは懐かしさに欠ける旅だったと思われるので多くを語らない。

それぞれの死と残された子ども達

妻・繁子はガンにかかり、1928（昭和3）年の11月3日に67歳の生涯を閉じる。夫・外吉は60代半ばに膠原病という難病にかかり、以降長い闘病生活に入った。ついに1937（昭和12）年11月11日に、80歳で帰らぬ人となった。両人とも葬儀はキリスト教式で挙行された。

筆者の関心は、能力の高い資質を持つ父と母の間に生まれ、特にキャリアを全うした母・繁子の影響がどうであったかにあるので、最後に、知ることのできる範囲で4男3女の人生を辿ってみよう。

長男・武雄は「カエルの子はカエル」の言葉通り、父と同じ道を選んだ。優秀な男子として一家の期待を一身に集め、江田島の海軍兵学校を優秀な成績で卒業して職業軍人となっていた。しかし捨松の息子・高も海軍にいたのであるが、高と武雄の二人は戦艦「松島」の自爆事故で、同時に殉死した。次男以下、息子は三人いたが、これらの人は軍人にはならず、旧制大学を卒業してから企業に就職して経済人となった。

むしろ関心は三人の娘である。母親と同じ道を歩んでいるのではないかと期待したが、それは見事に外れた。ごく普通の上流家庭の娘らしく、夫に嫁ぐことを優先した人生だった。長女の千代の夫・山下芳太郎は、東京高等商業学校（現一橋大学）出身で外交官を経てから住友財閥の理事となる。次女の忍も、後に北海道炭礦汽船の社長になる峠延吉に嫁いでいた。三女の栄枝は、伯父の益田孝（三井物産社長）の紹介で森恪と結婚した。森はそう学歴は高くないが（東京商工中学校卒業）、三井物産で頭角を現してから政治家に転じた。きっと孝が恪を見込んでの推薦だったのだろう。

このようにして、繁子の三人の娘はキャリアの道を選ばずに経済人の専業主婦になったのである。この母なのになぜだろうか、想像を巡らせてみた。いろいろな仮説が考えられる。

第１に、娘たちは母親がキャリア、妻、母の三つを同時にこなしていたが、それが大変な努力を必要とすることを肌で感じており、自分にはそれは無理だと思った可能性がある。

第2に、父親の外吉には、まだ日本の家父長的な考えが少しではあるが残っていた感がある。それは、生田（2003）の中に外吉からの長女・千代への手紙が引用されていて、その手紙の内容から筆者が推察した点である。pp.205-206にそれがある。夫の山下芳太郎にも召集の赤紙が届き、彼は出征した。家に残された千代は、父親の外吉に「もし夫が死亡したら困るので、津田梅子の英学塾にでも通って職業人になるための訓練をしておこうか」と問うたのに対して、外吉は「山下の両親のいる田舎で生活すべきで、それは彼らの娘としての義務だ」と返答している。家父長制を彷彿とさせる内容であろう。

第6章　三者三様の生き方と現代への含意

三人の共通点と異なる点

梅子・捨松・繁子の三人の共通点を浮き彫りにしながら、育ち方の特色や留学の成果、帰国後の生き方などを考えてみよう。いくつかの特徴があるのでそれをここに書いてみる。

第1に、三人の少女の父親は旧藩（それも倒幕派ではなく佐幕派であった）の藩士だった。身分としては上層部にいたし、藩で教育をしっかり受けていた学識を持つ有能な人であった。母親も藩士の妻としてふさわしい身分の家庭の娘で、藩校などという公式な学校での教育は受けていないが、武士の娘として受けたしつけはしっかりしたものがあった。このような父母の下に生まれた三名は能力の高い子どもで、親の教育もしっかりしたものであったと確信が持てる。それは、彼女たちの実の兄弟が、日本を代表する学者、経営者、指導者などになっていることでも明らかである。三名の少女は稀に見る才能の持ち主であり、しかも、それを活かすために努力を怠らない精神的な強さを持っていたのである。

第2に、佐幕派（ないし賊軍とも呼ばれた）の藩にいた父や兄弟は、以前に幕府の海外使節団の一員として欧米に行った経験があったり、外国語に親しんでいたので、日本が欧米に遅れていることを肌で感じていた。これからの若い人は欧米に行って、その実情を知っておく必要があると思っていた。そこで自分の娘や姉妹を外国に留学させることを望んだし、それを勧めたのである。

第3に、7歳前後から12歳前後までだった三人は、途中で帰国した他の二人の年齢、すなわち15歳前後に比較すると、とても若い年齢であったことが幸いした。今でいう中学生や高校生の年齢であれば、ある程度自我が確立しているので、見知らぬ社会に放り込まれたときのショックは大きいことがある。だが、まだその年齢に達していなかった三名は、見知らぬ社会での凄さや変化の大きさがわからず、かえって自然に当地に溶け込めたのではないだろうか。

第4に、三名ともにキリスト教の洗礼を受けて信者になっている。アメリカ社会で生きていくには、キリスト教信者になるのが自然な人間付き合いができると思ったのではないだろうか。これも年齢の若かったことが、洗礼を受けるのを促したとも考えてよい。

例えば、捨松の兄である山川健次郎は、17歳で渡米しており、むしろ妹がキリスト教信者になることを恐れていたとされるので、山川兄妹の例からも、ここでの年齢の差による成果の違いが確認されよう。これに関して加えれば、文化人類学の教えるところによると、女子と男子が外国に移住したときに当地になじむのは男子より女子が早く、かつ同化できる確率も高い、という。ここで、このことを深く掘り下げて論じる気はないが、三人に当てはまる仮説として提示しておこう。

第5に、第1に述べたことの延長であるが、アメリカの一流女子大学に入学してしかも卒業までしており、その並々ならぬ努力の成果は三名に共通である。梅子は最初の渡米の年齢が若すぎたので、1度帰国してから再度の渡米によって大学に入学・卒業したのであるが、捨松と繁子は1度目の渡米でそれを成就した。大学に入学する前に、彼女たちの英語力は母国語並になっていただろうから、現代の留学生が経験する英語の障壁はなかった。当時のアメリカの大学生（特に女子大生）は卒業できる確率は半分に達しないほど困難だったとされるので、三名の卒業は称賛されてよい。

第6に、三名の留学生活はかなり恵まれたものであった。期間は10年、3往復の旅費・学費・その他の生活費は一切官費の負担、それに年間800ドルの小遣い支給という、今では考えられないほど恵まれたものであった。このような額を支給した明治政府に驚かざるを得ない。それだけ期待の高い留学支援だったのである。

第7に、日本に帰国後に同じ苦労をした。まずは日本語がほとんどできないという苦労であった。就業に際してや生活上の不都合は大いに想像できる。これは語学ではないが、着物にするか洋装にするか、あるいは食事上の困惑もあったに違いない。語学のことが三名の就職探しに大きなハンディキャップになったのは、それぞれの章で述べてみた。

就職に関して言えば、明治時代の日本は女性に関しては良妻賢母論が社会の規範だったので、女性の働くことは期待されていなかった。当然のことながら農業や小売業に就く女性は多くいたが、女性に期待されていた職業は、工員、看護婦、教員が代表的であり、三名にとって前二者は候補ではなく、教員になることしか可能性は開かれていなかった。現に専業主婦になった捨松を除くと、梅子と繁子は教員になる道を選んだのである。

三名の少女はともにアメリカに渡り、留学生活を送った仲間なので、とても仲の良い親しい関係にあった。三名が成人し、そして死亡するまでその親しい関係が続いたし、お互いに助け合いながらの人生であった。基本は非常に親しい間柄だった三人であるが、人生の送り方は相当異なっていたし、微妙な心理上の差違と葛藤もあったので、次にそれを論じてみよう。

もっとも異なる点は、これら三人の人生の送り方である。端的に言えば、それは結婚と職業に関することである。梅子は生涯独身を貫いてキャリアとしての職業に一生を捧げた。捨松は結婚して子どもをつくり、専業主婦としての一生であった。繁子は結婚し子どもをつくったのみならず、キャリアを全うした人生であった。この三者三様の生き方は、現代の女性(特に高学歴女子)の生き方に相通じる点なので、現代に照らし合わせる含意については、後で詳しく検討する。ここでは梅子、捨松、繁子についてだけ述べる。

その前に、三人の性格について言及しておこう。人の生き方を決めるときは、その人の信条、性格などが影響すると考えられるので、それぞれの人生を詳しく追跡したときに得られた筆者の印象を、ここで独断ではあるが要約しておこう。

まずは梅子であるが、一言で要約するなら自立心が強くて、妥協を好まない性格であった。それは2度目の渡米を自分の意思で決めて、アメリカの大学に留学した事実でわかる。帰国後に英学塾をつくるのだという信念を抱き、多大の苦労が予想されたし、現実にその壁は高かったが、初心を貫いた強い精神の持ち主と理解できる。それは教育の現場でも発揮されて、できのよくない不真面目な学生には厳しかったということでも類推できる。さらに結婚して妻になり母となる人生が当時の女性に期待されたが、梅子はそれを無視して独身を貫き、かつ英語教師としてのキャリアを全うした。強靭な精神の持ち主でないと、それはできない。

捨松に関しては、優秀な頭脳を持って生まれた上に、美人で目立つ人だったことが、良くも悪くも彼女の人生に影響を与えた。しかも明るく社交性に富む性格だったのである。大山巌にぞっこん惚れられたし、「鹿鳴館の華」と称された姿も、幸か不幸かそれら容姿や性格が活かされた。妬みを生んだこともあるかもしれない。「お国のためにならら」多少気の進まないことがあっても、嫌がらずにする愛国心なり義侠心を持ち合わせていた。これは会津藩の家老の子という出自の影響もある。

繁子に関しては、彼女の写真から得られる印象は一見地味な人柄に見えるが、なかなかどうして芯が強くて進取の気性に満ちた女性である。そう判断する根拠は、まずアメリカの大学で音楽（洋楽）を専攻したことでわかる。日本ではまだ洋楽は定着しておらず、それがどう彼女にとって活かされることになるかわからないときの決断であった。次はアメリカ在留中の瓜生外吉との恋愛である。日本では当時の若い男女の恋愛はご法度だったので、遠い国でのこととはいえ、勇気のいる行動だった。最後は、当時の日本では良妻賢母の意識が強いところに、音楽教師としてのキャリアと妻・母としての役割の両立を見事に果たした意志の強さである。

話題を三人の異なる点に戻そう。

第1に、結婚して家庭をつくった人と生涯独身を貫いた人の差である。前者は捨松と繁子であり、後者は梅子である。結婚して子どもを持った捨松と繁子であったが、その経緯と実態は二人の間でかなり異なる。まずは、捨松は日本古来の見合い結婚であったが、繁子は当時としては珍しい恋愛結婚であった。捨松も見合いとはいえ、旧い時代のように親同士あるいは両家が決めたのではなく、確かに最初の出会いは見合いであったが、本人同士の意思の確認はあるので、旧来の見合いとは異なる。さらに捨松の場合には、相手の男性が再婚だったので、前妻との間の子どもも引き継いで育てたが、繁子の場合は全ての子どもが二人の間の子どもであった。

二者はごく普通の結婚という道を選んだが、その相手の職業が軍人という点では共通しているとはいえ、捨松の夫は陸軍、繁子の夫は海軍の所属という差はある。前者は大将・元帥にまで昇進して最後は国葬までしてもらった軍人のトップを極めた人であったが、後者は大将止まりであった。しかし軍人としては大出世の二人であることは間違いない。

梅子は、既に紹介したように、何人かの男性に見初められて求婚までされたが、頑なに断り続けた。結婚して夫とか子どもを持つと、家事・育児に忙殺されて自分の夢、すなわち英学塾をつくって女子教育にあたりたいという希望の達成に障壁となると恐れたに違いない。さらに、梅子は妻と妾をもつ日本男性の姿を嫌っていた。それをもう少し具体的に言うと、当時の日本の女性の大半が男性の言いなりになっている状況を好まなかった。結婚して家族を持ってもそういう妻にはなりたくないという希望が強く、結婚に踏み切れなかった、というものである。

第2の大きな違いは、捨松は専業主婦を選択したが、梅子と繁子は仕事を持つキャリア・ウーマンを選択した点である。捨松は帰国当初は仕事を探したが、本人の日本語のできないことと彼女の資質(日本女性としての最初のアメリカ大学卒業生)に合うような仕事がなかったことで難航した。そうこうしている内に縁談が舞い込み、結局、大山巌と結婚して専業主婦となり、夫は重要な職に就いていたし、国のために「鹿鳴館の華」となって夫と国に尽くしたことは既に述べた。

梅子の場合には、1回目の渡米後の日本では家庭教師や英語教師の口はあったが、大学で学んでいないことが本人にとって多少の劣等感となっていたので、再度渡米して学位を取得して帰国した。再渡米は女性の学士第1号である捨松への多少の対抗意識があったかもしれないし、もっと重要な動機は本格的に英語を教え、かつ自分の英学塾をつくるにはしっかりとした大学教育を受けておいた方がよい、との判断であった。そして既に述べたように、女子英学塾の創設者になったのである。

繁子の場合には、教える科目が音楽とピアノ教育だったので、日本語はさほど必要のないことが幸いして、定職に就くことができた。しかし、彼女の場合には結婚し多くの子どもの出産・子育てということを20年間も同時に行ったので、当時の時代を考えればスーパー・ウーマンの称号を与えてもよい。ただ一つだけ付け加えれば、夫の収入が高かったし、本人の収入もあったので家事手伝いをしてくれる人（当時は女中と呼ばれた）を雇用できたことも無視できない。

第3に、三人の間で微妙な心の葛藤があったので、それを少し述べておきたい。それは梅子が捨松の結婚に対して抱いた感情で、山崎（1962）、久野（1988）、大庭（1990）の叙述から得られた筆者の推察である。

梅子は、繁子の結婚には諸手を挙げて賛成であった。若い時代にアメリカで知り合って恋愛関係になり、帰国後に結婚というのは、梅子の「愛情のない結婚は嫌だ」という言葉から想像できるように、納得のいくことであった。しかし、捨松の結婚は相手の男性が再婚でしかも歳は離れており、軍人の大幹部という上流階級の人であることも多少ではあるが気になった。さらに梅子と捨松は同じ船で帰国するとき、教師になってキャリアを全うして学校もつくろうとまで話し合っていたのに、捨松はその意思を捨てて、大山夫人という専業主婦になってしまいそうだったからである。ただし捨松にも同情の余地はある。

第1に、彼女も帰国後に職を探したが、いい仕事がなかったので、当時の社会風潮からすると家庭の奥さんに収まるしか選択肢はなかった。

第2に、大山家は軍人の幹部として、あるいは西郷隆盛の親族ということで上流階級に属していたが、捨松の実家も旧藩の家老の家だったので、身分は高かったのであるから、お似合いの家柄だったのである。むしろ家柄からすると山川家の方が大山家よりも上であった。

拍車をかけたのは、大山巌と捨松の鹿鳴館における結婚披露宴である。上流階級らしく派手で、着飾った男女の洋装と豪華な食事に象徴されるようなものに、梅子が違和感を覚えた可能性がある。さらに後になっての「鹿鳴館の華」と呼ばれた捨松のホステス振りや、豪華な衣装に身を包んだ上流階級の人々の舞踏会の姿に、不自然さを梅子は感じていた。捨松としては「お国のため」と思ってのことであろうが、梅子の性格上これら派手な舞踏会の行事にはなじめなかったのであろう。

実は、繁子もこの鹿鳴館の行事には呼ばれていて、得意なピアノ演奏などを時には行って、捨松への協力を惜しまなかったことを述べておこう。とはいえ、稀に見るような容姿端麗で洋装が美しく映える捨松とは異なり、繁子の演奏は舞踏会のような派手さはなかった。繁子の出番も減少していく。こうして梅子と繁子は鹿鳴館から遠ざかるようになった。繁子には欠席の理由として妊娠と出産、子育てという事情もあった。

「西洋かぶれ」の大山巌と美しさの映える捨松の鹿鳴館時代を、１００パーセント批判できるものではないが、梅子にとっては空虚に満ちたものと映ったであろう。多少の後ろめたさがある捨松だったので、友情の証として、梅子が女子英学塾の創設に奔走していた時、先頭に立って募金活動を行ったのである。

現代の女性の学歴像

それぞれの人生を送った三人を、現代の女性に当てはめて考えるのは興味深い。時代の変化、女性の生き方、そして教育と仕事の効果などについて考察してみよう。まずは現代の女性の学歴事情を知っておこう。その前に戦前と戦後の30年ほどはどうだったか、一言だけ述べておく。

戦前は、女性の旧制大学への進学は極めて例外だったし、女子高等専門学校が女性用の高等教育であった。しかし専門学校すら女性の進学率はほんの数パーセントにすぎなかったので、女性の高等教育はほとんどなかったと言ってよい。良妻賢母が理想の女性像だったので、女性には高等教育は必要ないと思われていたし、期待もされていなかった。

戦後になって男女平等と教育の民主化の時代になり、女性にも高等教育への機会は開かれたが、大学進学率は高まらなかった。働き手の男性の教育が優先されたし、日本はまだ貧乏だったので家庭が女子に高等教育を受けさせる経済的余裕がなかったのである。とはいえ多少の進学率の上昇が見られたが、それもせいぜい2年制の短期大学であった。

以上の事実を数字で確かめておこう。１９７０（昭和45）年では男性の4年制大学進学率が27・3パーセントだったのに対して、女性は6・5パーセントにすぎなかった。１９９０（平成2）年では、男性が33・4パーセント、女性が15・2パーセントと女性の進学率の伸びが大きくなる。短期大学に関しては、１９７０年においては女性11・2パーセント、男性2・0パーセント、１９９０年では女性22・2パーセント、男性1・7パーセントであり、短期大学は圧倒的に女性で占められていた。

現代はどうであろうか。２０１８（平成30）年では、女性の4年制大学進学率が50・1パーセント、男性が56・3パーセントであり、短期大学では女性8・3パーセント、男性1・0パーセントであった。高等教育を4年制と2年制の合計で評価すると、女性が58・5パーセント、男性が57・3パーセントとなって、ついに女性の方が男性より高等教育進学率が高いという画期的な時代になっている。しかし、

4年制大学に限定すると、女性の方がまだ6・2パーセント・ポイント低い。

最後に、女性の教育に関して付記しておきたいことが二つある。

まずは、女性が大学・短大で何を専攻しているかを述べておこう。それは文学、家政学、芸術に代表され、社会科学や自然科学はまだかなりの男性優位で女性は低比率である。私見ではあるが、幸か不幸か職業に役立つ学問なり技能を学びたい希望がまだやや低いことによる。ただし、教育、看護、薬学という職業は女性に根強い人気があることを付記しておこう。これらをまとめれば、一部の分野の職業に就く人を除いて、仕事よりも結婚・家庭の人生を望む女性が存在しているのである。

次は、日本には女子大学が存在しており、女性には共学大学か、女子大学かの選択肢がある。梅子、捨松、繁子がアメリカで学んだ大学は女子大学だった。国と時代は異なるとはいえ、現代の日本女性にも与えられている選択肢である。

明治時代は、「男女7歳にして席を同じゅうせず」の世代なので、アメリカには共学大学は存在していたが、三人は入学の対象として考えなかったのであろう。しかし戦後の一時期は女子大・女子短大の人気は高かった。今では女子大学の人気は日本で下降気味であるが、これはアメリカでも同様の傾向にある。

現代の女性の労働

現代を論じる前に戦前がどうであったかを簡単に知っておこう。日本の家庭がまだ貧しかった明治・大正期、あるいは戦前の昭和期においては、未婚女性・既婚女性を問わず多くの女性が働いて家計所得に貢献していた。特に産業が農業・商業を中心とした時代だったので、自営業として農作業や小売業に就いていた。なかには工場などで働く女性もいた。さらに家制度、あるいは家父長制度の時代だったので、妻、母としての役割が期待されていたし、長男の嫁であれば夫の親と同居していたので、それらの人への看護・介護の労働も加わった。

言ってみれば、家事、育児、労働の三重苦、時には看護・介護の四重苦が既婚女性に課せられていたのである。こういう既婚女性には、まわりの親族の支援があったことは無視できないが、基本的には、これらをこなすには身体的・精神的な苦痛を避けられない。ある程度の苦痛を避けるには、夫の所得が高く、お手伝い（女中）

を家庭で雇用できる場合などであった。

しかし夫の所得には期待できず、三重苦あるいは時には四重苦の避けられない女性は、できれば一つの苦労を排除したい、すなわち労働をせずに専業主婦になれれば、と思っても無理はなかった。

それを戦前と戦後のしばらくにおける「専業主婦の夢」と称しておこう。しかし現実には、農業や商業を営んでいれば、家内で働き手としての役割は避けられないし、外で雇用者として働くこともあったのである。

戦後になってどう変化したのか。1950（昭和25）年代の中頃から日本は高度成長期に入り、産業構造に大きな変化が起きた。脱農業と工業化への変化であり、女性の働く場が変わったのである。男性も農業ではなく都会での工場、オフィスで雇用者として働くようになる。

これは労働力が地方から大都会へ大量に移動する時代となったことを意味し、都会でのサラリーマンと専業主婦という家庭像が増加したのである。専業主婦が徐々に増加した理由として、もう一つの重要な現象があった。それは高度成長（年率10

パーセント近い成長率）の恩恵を受けて労働者の賃金が急上昇したので、夫の所得が増加し、家計が夫の収入だけで賄えるようになったのである。これに関しては経済学として「ダグラス＝有沢の第2法則」というのがあり、夫の所得が高く（低く）なれば妻の働く確率は低く（高く）なるという定理である。橘木・迫田（2013）では、一昔前の時代はこの法則が妥当していたと示される。現に高度成長期以降の女性の労働参加率（女性の働く確率）はやや減少した。

ところが、である。日本の家計所得が高くなったことにより、今までは男の子だけしか大学に進学させられなかったが、女の子にも教育投資ができるようになり、女性の教育水準が高まった。教育水準が高くなると、自己の学識と技能を活かすために女性の働きたい希望が高まる。さらに女性の賃金も高くなったことにより、同時に女性の勤労意欲が高まることとなった。「ダグラス＝有沢の第1法則」は女性の賃金が上がる（下がる）と、労働参加率が高まる（低まる）というのがあり、この法則が妥当したのである。15歳から64歳の女性の労働参加率は、現在では65パーセントにまで上昇している。

年齢別と学歴別にみた女性の労働参加率

ここで日本女性に特有な性質として、年齢別と学歴別にみた労働参加率を述べておこう。まずは年齢別である。これは基本的に「M字型カーブ」で代表される。図6-1は横軸に年齢を取り、縦軸に労働参加率を示したものである。

学校を卒業してから結婚・出産までは労働にコミットするが、それ以降は労働を辞めて家庭に入ることを示している。それは結婚・出産を機に（1）それ以降の労働を辞めて、専業主婦になってしまう女性、（2）出産後に法律で認められた育児休暇の期間を経てまた労働に戻る女性、（3）育児休暇後もしばらく続けて家にいて子育てにコミットし、その重荷から解放されるまでの期間を経てから、もう一度仕事に戻る女性の三種類に区分される。いずれにせよ、ある一定の期間は労働をしないのである。

子育てから解放されて、ある年齢に達してから労働を再び始める女性がいると、その年齢以降の女性の労働参加率は高くなる。その労働を辞める年齢の25歳前後か

図6－1　女性の年齢別労働参加率（M字型カーブ）

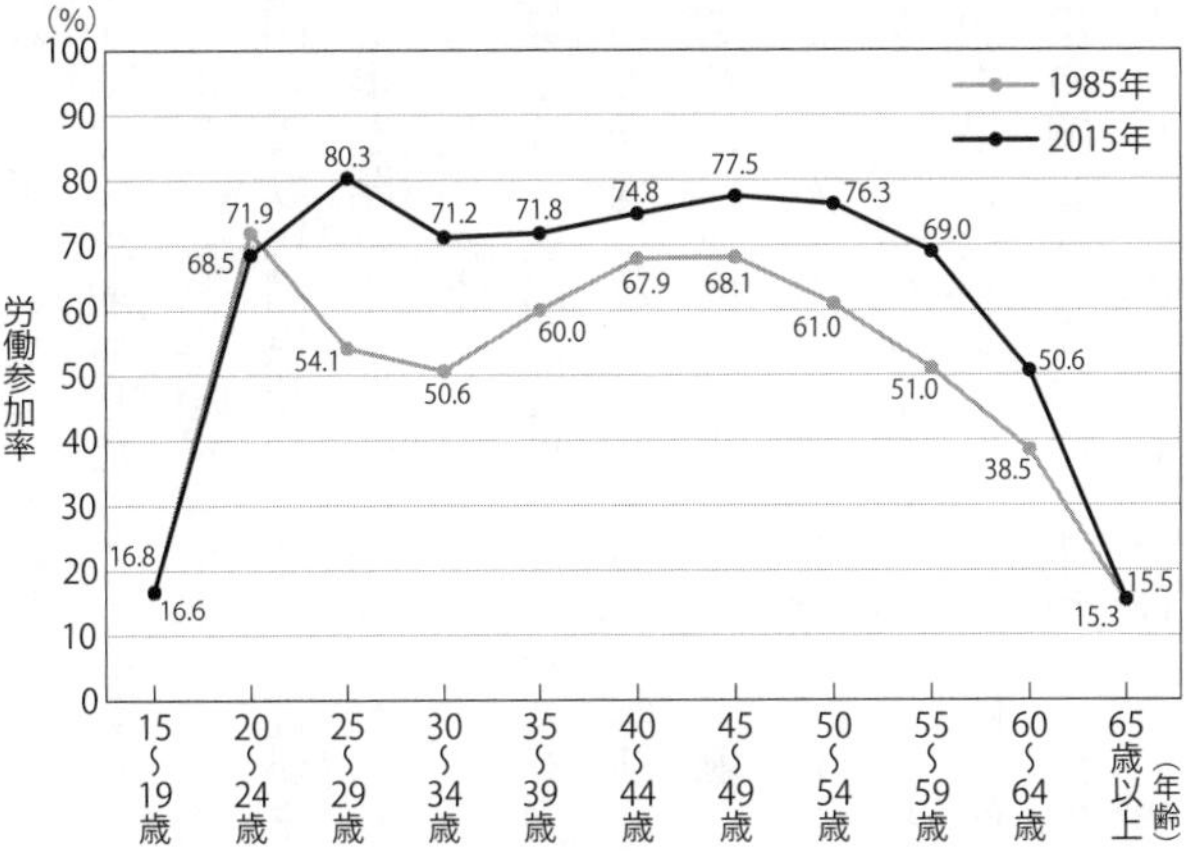

出所：総務省『労働力調査』

ら、再び労働を始める35歳前後までのほぼ10年間、労働参加率が低くなっている現象を英文字のMになぞらえて「M字型カーブ」と称するのである。

日本の「M字型カーブ」に関しては、次の二つの特色がある。一つは、それはここ30年間ほどの間に、Mのへこんだ部分のへこみの程度が時の経過とともに緩くなっている。二つの理由がある。まずは結婚・出産によって一時期に労働から退出する女性の割合が減少しているからである。時代とともに育児休暇制度が充実してきたので、育児休暇の期間だけはしっかり休業して、それの終了とともにすぐに職場に戻る女性が増加した。さらに結婚あるいは出産をしない女性が増加したので、そもそもそういう人は一時的に労働から退出しないからである。これらを総合すると、今後はM字型カーブのへこみ部分が、一部の欧米諸国のように高原状になる可能性がある。もう一つの特色は、35歳前後になって再び労働を開始する女性の場合、かなりのケースで労働条件は悪化せざるを得ない。三つの理由がある。

第1は、退出前と再入後の企業が同じであっても、しばらくの間は労働していないので経験年数のロスがある。年功序列制を前提にすればその間賃金は上昇しない。第2に、退出前は正規労働者で働いていたが、再入後は非正規労働者になるケースが相当数あり、労働条件は悪くならざるを得ない。

第3に、労働をしていない期間に技能の陳腐化がありうるので、どこで働いても技能不足となり、このことが労働条件において不利に作用する可能性が高い。

次の関心は、大卒の女性がどれだけ働いているのか、あるいは専業主婦をどれだけ志向しているかである。日本の実態を確認するために、まずは学歴別で労働参加率が異なるのかどうかを知っておこう。これに関してはレイモ・福田（2016）が有用である。実は日本だけに限定すれば、2010（平成22）年の国勢調査によって29歳を調べると、高卒がおよそ70パーセント、大卒が80パーセントほどとなり、大卒が高卒よりも労働参加率が高い。ところが、8歳上の37歳の女性に注目すると、すべての学歴で高卒・大卒ともにおよそ65パーセント前後の値を示しており、先程のM字型カーブに関しては、大卒が結婚・出産によって労働を辞める率が高いのである。逆に言えば、学歴の低い女性は結婚・出産によってそれほど労働を辞めない。なお学歴別の女性労働については橘木（2020a）が詳しい。

学歴別については、他の先進国との比較をするともっと明瞭になる。データが2000年で少し古いが、日本の大卒女子の労働参加率は69パーセントであるのに対して、先進国の集まりであるOECDの平均は80パーセントであり、日本は平均よりかなり低い。他の諸国は、スウェーデン89パーセント、フランス86パーセント、ドイツ83パーセント、イギリス80パーセント、アメリカ77パーセントなので、主要先進国よりかなり低い。ちなみに同じ東アジアの韓国は62パーセントと日本より低かった。

国際比較は、ごく最近のデータを知るのはそう容易ではないが、2010年の数字で日本が67パーセント、フランス81パーセント、アメリカ76パーセント、韓国60パーセントとなっているので、ほとんどの国で大卒女子の労働参加率に時系列での変化はないとみなしてよい。

では、なぜ日本人女性は、大卒という高学歴の人の労働参加率が低いのであろうか。いくつか考えられる理由をここで列挙しておこう。

第1は、日本社会は不幸にしてまだ男性優位の国であり、企業、役所、あるいは多くの組織において採用、昇進、賃金に関して女性は不利であり、高い学識と技能を大学で獲得した女性も将来に見込みがないと予想して、労働を辞めてしまうのである。さすがに男女差別の撤廃の声は日本でもあるので、将来は多少良くなろうが、差別は完全には消滅しないであろう。象徴的な例を挙げれば、ノルウェーでは「企業の役員には女性を40パーセント確保せねばならない」という法律が執行されたが、日本では上場企業でそれに賛成する男性経営者はほぼゼロである。

第2に、日本では学歴による賃金格差は欧米ほど大きくない。それらに関しては橘木・八木（2009）、橘木・松浦（2009）を参照されたい。高い学歴を得た女性は、自分の高い能力ないし資格を正当に評価してくれない、と思うかもしれない。男性にも同じ思いはあるかもしれないが、生活がかかっているので労働を辞めるわけにはいかないが、女性であれば正当に評価されないのなら労働しない方がましだ、と思う人がいる可能性がある。日本の高学歴女子は第1で述べた点と共通しているが、仕事への不満を述べる人の割合が63パーセント、将来のキャリアの見通しがないとする人が49パーセントに達しているのである。出所はアメリカのシンクタンク、センターフォーワーク・ライフポリシーで、同様のことは大沢・馬（2015）でも指摘されている。

この説を、もう少し学問的に解釈すると、日本の大卒女子には労働市場とのミスマッチがあるとされる。例えば、市川（2016）を参照されたい。大卒女子は、自分は良い教育を受けて有能な労働者として育っているのに、社会はそれに見合う仕事を与えてくれないとか、たとえ与えてくれたとしても、低い処遇しかしてくれない。

それだったら労働しないことを選択するという、「学歴ミスマッチ論」である。

第3に、日本の夫婦は同類婚が多い。これを学歴に関して言えば、大卒同士、高卒同士といったように似た学歴を保有する男女の結婚が多いことを意味している。例えば、橘木・迫田（2013）を参照されたい。

大卒女子の結婚相手は大卒男子が多い。大卒男子は企業であれば大企業、あるいは大きな役所に勤めたり、医師、法律職、研究職に就く確率が高く、高い収入を得ている可能性が高い。そうすると先程述べた「ダグラス＝有沢の第2法則」が作用して、高収入の大卒男子と結婚した大卒女子は、働くことを選択しないか、働いても途中で労働を辞めてしまう確率が高くなる。

逆に言えば、低学歴同士の結婚においては夫と妻の収入がともに低いので、二人が働いてようやくある程度の水準を保つ生活ができる収入になるので、幸か不幸か二人とも働かざるを得ないということになる。

第4に、戦前、そして戦後の20年から30年間は、日本では「良妻賢母論」が社会の規範として受け入れられてきた。現代ではフェミニズムの台頭により、この規範は弱まりつつあるが、まだ一部の女性には受け入れられ、そして惰性としてもそれを支持する考えが残っているので、結婚・出産によって労働を辞める女性がいる。

第5に、ワークライフ・バランス論、あるいは男女平等論からすると、家事・育児を女性に押し付けるのではなく、夫の協力も期待されるべきなのだが、日本の男性の長時間労働はその機会を奪っているとの指摘がある。一部の男性はそれを隠れ蓑にして家事・育児を避けているとの声もなくはないが、日本男性の長時間労働は統計で確認できるので、この説の妥当性は否定できない。

第6に、子育てに関して言えば、日本はまだ子ども手当、保育所などの子育て支援が充分ではなく、親、特に母親の負担が大きいので、自宅での子育てが強いられる程度が高い。これも徐々にではあるが充実の方向にあるので、制約になる程度は低くなるだろう。だが、ヨーロッパの恵まれた国のようになることはないだろうと予想できる。歴代のすべての内閣は「待機児童ゼロ作戦」を標榜してきたが、どの内閣もそれを成就していないことでそれが言える。

第7に、日本の高学歴女子が大学で何を学んだのか。これは既に述べたことではあるが、文学、芸術、教育学、家政学、薬学、看護学といったような専門を学ぶことが多い。社会科学、理工学を学ぶ人は徐々に増加しているが、まだかなりの少数派である。

筆者の希望は、社会科学の中での経済学と商学である。欧米の大学であれば経済学と商学は女子学生比率が50パーセントを超えている国もあるが、日本ではまだ20から30パーセントにすぎない。伝統的にサラリーマン養成学部とみなされているので、男性が多く、女性が少ない。なぜ少ないのか。それは、日本企業はまだ男性優位の伝統が強く、昇進や賃金などで女性差別のあることをよく知っているからである。筆者は、大卒女子の労働参加率の低さを是正するには、女性差別をなくすように企業が大きく変わらねばならない、と信じている。やや極言すれば、男性経営者の意識改革にかかっているのである。

結婚を含めた女性のライフコース

ここまでは女性の働き方がどうであるかを考えてきたが、もう一つの人生上の大きな分岐点、すなわち結婚するかしないか、あるいは独身を続けるか、家族を持とうとするかなどを考慮しながら、女性のライフコースを分析してみよう。

歴史をたどれば、日本は皆婚社会であった。特に戦後においては国民の98パーセント前後が１度は結婚して家族を持っていたが、最近になって衝撃的な事実が報道されるようになった。国立社会保障・人口問題研究所編『現代日本の結婚と出産』（２０１７年）によると、生涯未婚率が２０１５（平成27）年で男性23・４パーセント、女性14・１パーセントであると発表された。統計では50歳の時点で１度も結婚したことがない人を生涯未婚者と定義している。この数字が１９７０（昭和45）年では男性１・７パーセント、女性３・３パーセントだったので、いかに結婚しない人の数が大きく増加したかがわかる。

なぜ結婚しない人がこれだけ増加したのかは、後に記述するとして、生涯未婚率が男性23・４パーセント、女性14・１パーセントとほぼ９パーセント・ポイントの大差のあるのが不思議である。男性と女性の人数はほぼ同数に近いので、男性一人・女性一人の結婚を前提にすれば、生涯未婚率は男女で近い数字を示すものと予想できる。

では、なぜ男性の生涯未婚率が女性のそれよりかなり高いのか。様々な理由を指摘できる。

第1は、出生数だけで比較すると昔は女子100、男子105で男の子の数が多かったが、戦争の終結による影響などによって、特に男子の死亡率が低下し、成人する男子の数も女子のそれより多い時代になった。

すなわち、男性の人口が女性の人口より少し多いので、男女二人で成立する結婚を前提にすれば、通常の場合には、男性の未婚率が女性のそれよりもほんの少し高くなるのである。

第2は、結婚してから離婚しても、再婚する人がいるので、この再婚率が男女で異なれば生涯未婚率にも影響する。例えば、一人の男性が結婚・離婚したあとに新しく結婚未経験の女性と再婚すれば、生涯未婚者の女性の数を減少させることになる。離婚率が増加し、男性の再婚者が女性の未婚者と結婚するケースがかなり多い時代となっている。このことが1990年代以降、女性の生涯未婚率が男性のそれよりも低いことを説明する一つの有力な理由となっている。

第3に、日本では夫婦は夫の年齢が妻のそれよりも少し高い。そうすると少子化の影響を受けて年上の男性が多く、年下の女性が少ないという事態になる。これは男性の結婚を困難にしている一つの理由になりうる。

もう一つ重要な情報がある。それは18歳から34歳までの未婚者について、「一生結婚するつもりはない」とする男性は、1987（昭和62）年の4・5パーセントから2015（平成27）年には12・0パーセントに増加しており、男性の非婚希望が増加中である。ちなみに2015（平成27）年の女性ではそれが8・0パーセントであり、男性の非婚希望が女性より1・5倍も高いのである。これが男性の生涯未婚率の高さを背後から説明する間接的な要因になっている。

男性の非婚希望率増加の要因は、日本で草食男子という言葉が与えられたことによって少しは理解できよう。もっと詳しくその要因を知りたいところであるが、本書の関心は女性にあるので、これ以上言及しない。ただし後になぜ未婚者が増加しているかを論じるので、多少は男性の非婚希望についても言及することになる。

国立社会保障・人口問題研究所は、女性の結婚を含めた理想ライフコースと、実際にそうなりそうという予定ライフコースを調査した。具体的には次の五つの選択肢が女性に示され、その内の一つを選択した結果である。

（1）専業主婦コース：結婚し子どもを持ち、結婚あるいは出産を機会に退職し、その後は仕事を持たない。
（2）再就職コース：結婚し子どもを持つが、結婚あるいは出産を機会にいったん退職し、子育て後に再び仕事を持つ。
（3）両立コース：結婚し子どもを持つが、仕事を一生続ける。
（4）DINKSコース：結婚するが子どもは持たず、仕事を一生続ける。
（5）非婚就業コース：結婚せず、仕事を一生続ける。

この五つの選択肢の内、未婚女性の理想とするライフコースは（1）18・2パーセント、（2）34・6パーセント、（3）32・3パーセント、（4）4・1パーセント、

（5）5・8パーセント、であった。

次に、実際にそうなりそうという予定ライフコースは、（1）7・5パーセント、（2）31・9パーセント、（3）28・2パーセント、（4）3・8パーセント、（5）21・0パーセントであった。

理想は専業主婦が18・2パーセントなのに対して、そうなりそうというのは7・5パーセントと低下しているので、できれば働きたくはないが、主として家計所得を高めたいという経済的な理由で働かざるを得ないと予想しているのである。

一方で、理想は非婚就業が5・8パーセントしかいないが、そうなりそうと予想するのは21・0パーセントに激増しているのは、結婚したくとも現実には結婚しないか、できないかのどちらかなので、非婚就業であろうと予想している。さらに、理想・予定ともに働くとしているのは80パーセント前後（理想は約77パーセント、予定は約85パーセント）に達しているので、日本の若い女性の就業・勤労意識はとても高くなっていると理解してよい。

ここで用いたデータは残念ながら学歴別に調査したものではなく、全女性を対象としたものである。本書の主たる関心は高学歴女子である。

ネットの「マイナビ」による女子大学生の結婚意識の調査があり、2018（平成30）年で「将来結婚したい」が83・6パーセント、「結婚したくない」が16・4パーセントと報告されている。

これは前のデータでいえば、理想像に対応すると考えてよい。全女性であれば非婚希望は5・8パーセントだったのに、女子大生の場合にはそれは16・4パーセントなので、高学歴女子の方が結婚願望は低学歴女子より低いとみなしてよい。そうすると独身志向が強ければ働かざるを得ず、予想像からすると高学歴単身女子で働く人の割合は高くならざるを得ない。結婚しないのなら食べていくためには働かざるを得ないからである。

独身にとどまっている理由

国立社会保障・人口問題研究所の調査によれば、将来も結婚しないだろうと予想する女性が21・0パーセントもいたのであるが、次は、なぜ独身であり続けているのだろうか、ということに関心が移る。それに関しても国立社会保障・人口問題研究所が興味あるデータを報告している。２０１５（平成27）年の結果である。ここでは結婚の意思ありと表明した25歳から34歳の女性の意向に注目してみよう。結婚したくないと思っている人は排除されているのに注意されたい。

「結婚しない理由」として次が挙げられている。第1位（31・2パーセント）が「自由さや気楽さを失いたくない」、第2位（23・9パーセント）が「まだ必要性を感じない」、第3位（20・4パーセント）が「趣味や娯楽を楽しみたい」、第4位（19・1パーセント）が「仕事（学業）にうちこみたい」となっている。これらをまとめると、「まだ、結婚は時期尚早」と判断していると解釈してよく、深刻にとらえなくてよい。むしろ「結婚できない理由」についての回答に注目したい。

第1位（51・2パーセント）が「適当な相手にめぐり合わない」が断トツのトップであり、日本で結婚の意思はありながらそれを成就できていない理由は、これに尽きると言っても過言ではない。現代の若い男女にとっては、出会いの場がないのが深刻なのである。一昔前のように「おせっかいなおばさん」が見合いの場を設ける時代ではなく、自分で探さねばならない苦労がある。第2位（17・8パーセント）が「結婚資金が足りない」であるが、これは結婚式や披露宴、新婚旅行の資金というよりは、結婚して二人で生活するのに経済的な余裕がない、と理解した方がよい。若者が経済的に恵まれていない時代の反映である。第3位（15・8パーセント）が「異性とうまくつきあえない」である。第4位（5・1パーセント）は「住居のめどがたたない」であるが、これは第2位の「結婚資金が足りない」と同じ次元と考えてよい。

第1位に関して注釈をしておこう。数十年前であれば男女の出会いの場は職場が大きな可能性を提供してきたが、現在では職場結婚の数は減少しており、学校の同窓とか友人の紹介といった数が増加している。

むしろ橘木・迫田（2013）が明らかにしたように、結婚の相手への要望の程度が男女ともに高くなって、なかなかマッチングがうまく進まないという事情がある。昔であれば、結婚していなければ世間体が悪いとか、社会で一人前の人間として容認してくれないとか、結婚は人間にとってせねばならないイベントとみなされていた。だが、今の時代では独り身であっても誰も不思議に思わないし、異様な目で見られることもない。必ずしも結婚しなくとも生きていける時代となれば、気の乗らない相手と結婚するよりも独身でいることを選好する人が多い。そうであるなら、相手の資質（学歴、職業、収入、容姿、性格など）で妥協しないケースもかなり出てこよう。

この先を予想する

現代の若い女性の今後の人生を予想すると、次のように要約されようか。

まずは結婚せずに家族を持たず、仕事に一生を捧げる女性のグループである。今後、増加が見込まれる。本書との関係でいえば、津田梅子がそれに相当する。

特に学識と技能を蓄積した大卒女子にキャリア志向が強いであろう。とはいえ、若い時には将来結婚すると考えていた女性も、様々な理由でそれを達成できなくなり、仕方なく独身を続ける女性も少なからずいる。

一方で仕事というキャリアには関心はなく、男性と結婚して家族を持つという専業主婦グループも無視できない比率で存在する。良妻賢母の社会規範が、今の若い女性に多数派ではないが、まだかなり残っていて、それの道を歩む人もいる。本書との関係でいえば、山川捨松の人生である。

最後のグループは、それが多数派と想定されるが、仕事と妻の両方を願う女性である。経済的に夫に全面依存という夫婦像を好まない女性が増加しているし、妻と母という役割だけに満足しないのである。本書との関係でいえば、永井繁子の歩んだ道である。

しかし、このグループには種々のバリエーションのあることを認識せねばならない。一つは、結婚しても子どもをつくらず、妻はフルタイムで働くケースである。もう一つは、出産・子育て中も仕事を続けるケース。

さらに結婚あるいは出産までは仕事をするが、子育て中は一時仕事を辞め、それがひと段落してから再び働き始める。この3番目のケースは、徐々に数が少なくなりつつある一方で、2番目のケースが増加しつつあり、1番目のケースはまだ日本では非常に少ない。

仕事と家庭の双方を選択するのが最後のグループであるが、今後は増加するだろう。どれだけこの第3グループが増加するかは、社会がどのような対策を実行するかにもよる。まずは、女性差別をなくして、女性が社会で働くに際して不都合のないように、それだけの政策ができるかである。これは今後の独身を続けるキャリア志向、あるいは専業主婦志向にも影響を与える。さらに、社会が子育てと子どもの教育を家庭に押し付けることをやめて、どれだけ社会で支援できるようになるかにも依存する。

日本は幸か不幸か、少子化という前代未聞の難題に遭遇している。国民が子どもの数を増やす政策をもっとも重要なことと判断するようになれば、企業と政治にそれを要求するであろうから、女性差別をやめ、子育てと子どもの教育支援を充実させることが可能である。最後は、国民がどのような政策を主張する政治家を選ぶかにかかっている、と言えよう。

あとがき

女子英学塾（現 津田塾大学）の創設に尽力した、津田梅子の波乱に満ちた人生を理解していただけたであろうか。わずか7歳前後という右も左もわからない少女時代に異国のアメリカに単身渡り、当地で教育を受けた女性である。女子教育の重要性を学び、帰国後に一人でそれの成就に向けてした努力は称賛に価する。もっとも一人だけでは学校教育の創設・発展はできないので、知人・友人の支援があったことを忘れてはならない。

ここで述べたいことは、津田梅子の女子英学塾とともに女子高等教育の発展に貢献した日本女子大学校（現 日本女子大学）の成瀬仁蔵との比較である。拙著『女性と学歴――女子高等教育の歩みと行方』（勁草書房）で成瀬のことを詳しく記したので、ここでは多くを語らないが、成瀬は同校の開校とその後において当時の政財界の大物（伊藤博文、渋沢栄一、大隈重信など）から大きな支援と多額の寄付を受けて、日本女子大学校を大きくしたのである。一方、津田梅子はそのような派手な募金活動を行わず、従って小規模ながら家庭的で質の高い女子教育を目指した。

ここで私立大学の経営・教育の方針において、二つの道があることを認識しておきたい。女子英学塾と日本女子大学校を代表させたが、小規模教育で進むのか、それとも大規模教育を目指すのか、の違いである。もう一つの違いは、女子英学塾は家政科を無視したが、日本女子大学校は家政科を大きな柱にしたことである。

双方の女子大学ともに、女子高等教育における名門校として世に知られているので、どちらの方式が好ましいかは一概には判定できない。むしろ少人数教育を望むのか、それとも大人数教育を望むのか、あるいは家政科教育をどう考えるのか、学生の選択に依存するといった方がいいだろう。

もう一つ、本書で強調したかったことは、津田梅子、大山捨松、永井繁子で代表される三種類の生き方、すなわち（1）独身のキャリア志向、（2）専業主婦、（3）

共働きと家庭人、を知ることによって、それが現代においても高学歴女子の生き方の選択につながっている、と認識してほしい点である。現代の高学歴女子も明治時代がそうであったように、この選択で苦悩している。その現状がどうであるかを報告して、読者の参考に資したいと希望する。

本書の執筆は、平凡社新書編集部の和田康成氏の勧めと見事な編集作業で成立したものである。氏に深く感謝する次第である。しかし、残存するかもしれない誤謬と主張に関する責任は筆者のみにある。

２０２１年11月

橘木俊詔

参考文献

生田澄江（2003）『舞踏への勧誘――日本最初の女子留学生永井繁子の生涯』文芸社
市川恭子（2016）「なぜ高学歴女性の就業率は低いのか？――男女別学歴ミスマッチの影響の日蘭比較」『日本労働研究雑誌』pp.37-52
稲垣恭子（2007）『女学校と女学生――教養・たしなみ・モダン文化』中公新書
犬塚孝明（1986）『森有礼（新装版）』吉川弘文館
上田明子（2000）「星野あい――嵐の中の三〇年」飯野正子・亀田帛子・高橋裕子編『津田梅子を支えた人びと』有斐閣、第11章、pp.257-279
内田道子（2000）「メアリ・H・モリス奨学金――日本の女性に梅子と同じ機会を」飯野正子・亀田帛子・高橋裕子編『津田梅子を支えた人びと』有斐閣、第8章、pp.178-203
榎本秋（2017）『世界を見た幕臣たち』洋泉社
大沢真知子・馬欣欣（2015）「高学歴女性の学卒時のキャリア意識と転職行動――「逆選択」はおきているのか」『日本女子大学現代女性キャリア研究所紀要』第7巻 pp.87-107
大柴衛（1982）『アメリカの女子教育』有斐閣選書
オーシロ・ジョージ（2000）「津田梅子と新渡戸稲造――女子教育における二人のパイオニア」飯野正子・亀田帛子・高橋裕子編『津田梅子を支えた人びと』有斐閣、第7章、pp.151-175

大庭みな子（1990）『津田梅子』朝日新聞社
大山柏（1989）『金星の追憶――回顧八十年』鳳書房
亀田帛子（2000）「アナ・コープ・ハーツホン――梅子と塾の娘たちのために捧げた一生」飯野正子・亀田帛子・高橋裕子編『津田梅子を支えた人びと』有斐閣、第6章、pp.124-151
亀田帛子（2005）『津田梅子とアナ・C・ハーツホン――二組の父娘の物語』双文社出版
久野明子（1993）『鹿鳴館の貴婦人大山捨松――日本初の女子留学生』中公文庫
小山静子（1991）『良妻賢母という規範』勁草書房
高崎宗司（2008）『津田仙評伝――もう一つの近代化をめざした人』草風館
高橋裕子（2000a）「アリス・ベーコンと大山捨松――梅子を支援したベーコン家の〈娘〉たち」飯野正子・亀田帛子・高橋裕子編『津田梅子を支えた人びと』有斐閣、第3章、pp.27-70
高橋裕子（2000b）「M・ケアリ・トマス――傑出したアメリカ女性と梅子の接点」飯野正子・亀田帛子・高橋裕子編『津田梅子を支えた人びと』有斐閣、第5章、pp.98-123
橘木俊詔（2011）『女性と学歴――女子高等教育の歩みと行方』勁草書房
橘木俊詔（2021）『フランス経済学史教養講義』明石書店
橘木俊詔（2020a）『女子の選択』東洋経済新報社
橘木俊詔（2020b）『渋沢栄一――変わり身の早さと未来を見抜く眼力』平凡社新書
橘木俊詔・松浦司（2009）『学歴格差の経済学』勁草書房
橘木俊詔・八木匡（2009）『教育と格差――なぜ人はブランド校を目指すのか』日本評論社
橘木俊詔・迫田さやか（2013）『夫婦格差社会――二極化する結婚のかたち』中公新書

津田英学塾（1941）『津田英学塾四十年史』津田英学塾

手塚紀子・古屋健（2017）「女子大学生のライフコース選択に及ぼす家族の影響についての研究」『立正大学心理学研究年報』第8巻 pp.71-88

ドーア、R. P.（1970）『江戸時代の教育』松居弘道訳、岩波書店

長井実（1989）編『自叙益田孝翁伝』中公文庫

畠山朔男（2019）「津田梅子ら女子留学生たち——女子教育のパイオニア」米欧亜回覧の会・泉三郎編『岩倉使節団の群像——日本近代化のパイオニア』ミネルヴァ書房、第16章、pp.194-211

古木宜志子（1992）『津田梅子』清水書院

米欧亜回覧の会・泉三郎編（2019）『岩倉使節団の群像——日本近代化のパイオニア』ミネルヴァ書房

星亮一（2003）『山川健次郎伝——白虎隊から帝大総長へ』平凡社

ホーン川島瑶子（2004）『大学教育とジェンダー——ジェンダーはアメリカの大学をどう変革したか』東信堂

村田鈴子（2001）『アメリカ女子高等教育史——その成立と発展』春風社

山崎孝子（1962）『津田梅子』吉川弘文館

吉川利一（1956）『津田梅子伝』津田塾同窓会

レイモ、ジェームズ、福田節也（2016）「女性労働力率の上昇——結婚行動の変化の役割」『日本労働研究雑誌』no.674, pp.26-38

Horowitz, H.（1994）The Power and Passion of M. Carey Thomas, New York, Knopf.

【著者】
橋木俊詔（たちばなき としあき）
1943年兵庫県生まれ。小樽商科大学卒業。大阪大学大学院を経て、ジョンズ・ホプキンス大学大学院博士課程修了。仏・独・英に滞在後、京都大学大学院経済学研究科教授、同志社大学経済学部教授、経済企画庁客員主任研究官などを経て、現在、京都女子大学客員教授。著書に、『格差社会』『日本の教育格差』『新しい幸福論』（以上、岩波新書）、『夫婦格差社会』（共著、中公新書）、『東大VS 京大』（祥伝社新書）、『遺伝か、能力か、環境か、努力か、運なのか』『渋沢栄一』（ともに平凡社新書）などがある。

平凡社新書995

津田梅子
明治の高学歴女子の生き方

発行日——2022年1月14日　初版第1刷

著者———橋木俊詔
発行者——下中美都
発行所——株式会社平凡社
〒101-0051 東京都千代田区神田神保町3-29
電話 (03) 3230-6580［編集］
(03) 3230-6573［営業］
印刷・製本—図書印刷株式会社
装幀———菊地信義

ISBN978-4-582-85995-9
平凡社ホームページ https://www.heibonsha.co.jp/